# Cristianismo
# y Economía
# de Mercado

# Y LOS SUYOS NO LO RECIBIERON

*Un análisis del magisterio filosófico-político*
*de Benedicto XVI*

*Discurso de Benedicto XVI en el Bunderstag*

GABRIEL J. ZANOTTI

# Y LOS SUYOS NO LO RECIBIERON

*Un análisis del magisterio
filosófico-político de Benedicto XVI*

**Unión Editorial**
**2026**

© 2026 Gabriel J. Zanotti
© 2026 UNIÓN EDITORIAL, S.A.
c/ Hilarión Eslaca 21 – local • 28015 Madrid
Tel.: 91 350 02 28
Correo: editorial@unioneditorial.net
www.unioneditorial.es

Dirección editorial, edición y corrección: Ignacio P. Rico Guastavino
Diseño de portada e interior: JPM Graphic

ISBN: 978-84-7209-972-2

Depósito legal: M-7.346-2026

Compuesto e impreso por EL BUEY LIBERAL, S.L.

Impreso en España • *Printed in Spain*

# ÍNDICE

7

# ÍNDICE

9

# PREFACIO

No es la intención de este libro ser un estudio académico más sobre el pensamiento de Joseph Ratzinger y/o Benedicto XVI. Abundan hoy cientos y cientos de artículos especializados en la materia, escritos en general por autores jóvenes, siendo ello, además, un buen signo de la recuperación del pensamiento católico y de la importancia que en el futuro seguirá teniendo el pensamiento de este gran teólogo y pontífice.

La intención de este libro es otra: exponer el Magisterio de Benedicto XVI en temas políticos y demostrar al mismo tiempo que es hasta ahora la más lograda superación del conflicto entre el Magisterio pre-conciliar y conciliar al respecto y, por eso mismo, la más acabada síntesis, hasta ahora, entre Catolicismo y Modernidad dentro del Magisterio. En cierta medida este libro es una continuación de lo expuesto en el cap. seis de nuestro libro *Judeo-Cristianismo, Civilización Occidental y Libertad.*[1]

Esto nos obliga, sin embargo, a hacer una aclaración fundamental, que hicimos en ese mismo capítulo. Contrariamente a otros católicos, nunca hemos supuesto que hubiera un único sistema social y político que se desprendiera directamente de las Sagradas Escrituras, la Tradición y el Magisterio de la Iglesia. Menos aún lo supuso Joseph Ratzinger. Por lo tanto,

---

[1]  Instituto Acton, Buenos Aires, 2018.

cuando nos referimos a su magisterio «político», nos referimos a la noción de «acompañamiento» que el Magisterio hace de ciertas circunstancias políticas nuevas por las que la Iglesia tiene que transitar. No las «clericaliza», no las declara «católicas», no las convierte en «el» sistema político de la Iglesia y menos aún en «el» partido político «católico». Pero sí puede señalar su no-contradicción con lo esencial de la Fe, y eso, ya señalando lisa y llanamente su esencial opinabilidad, ya situando esa circunstancia en bases teoréticas que tengan una esencial relación con la Fe. Esa nueva circunstancia es la Modernidad y eso es estrictamente lo que Benedicto XVI ha hecho mejor que cualquier otro pontífice hasta ahora.

Por ende, como resultado necesario de lo anterior, intentaremos una vez más, esta vez de la mano de Benedicto XVI, poner luz en la auténtica interpretación del Vaticano II, que fue uno de los objetivos de su pontificado, junto con la armonía entre la razón y la fe. Esta cuestión, en estos momentos, es más importante que nunca. Actualmente muchos tradicionalistas, que mantenían un diálogo, difícil pero diálogo al fin, con Benedicto XVI, han radicalizado su posición y han afirmado y afirman resueltamente que todas las tensiones doctrinales de la Iglesia son el fruto directo del Vaticano II. Benedicto XVI afrontó el problema desde el primer año de su pontificado en su esencial discurso del 22 de diciembre del 2005[2]. Ello no solucionó el debate, pero ese discurso se convirtió en un horizonte a partir del cual se podía discutir con altura la cuestión. Pero luego de la renuncia de Benedicto XVI, todo

---

[2]  Discurso del Santo Padre Padre Benedicto XVI a los Cardenales, Arzobispos, Obispos y Prelados de la Curia Romana del Jueves 22 de diciembre de 2005, https://www.vatican.va/content/benedict-xvi/es/speeches/2005/december/documents/hf_ben_xvi_spe_20051222_roman-curia.html

ello no sólo estuvo en suspenso, sino que empeoró. Nuestro objetivo es colaborar a encontrar nuevamente un punto en común donde el Vaticano II sea visto en continuidad con lo esencial, aunque con reformas en lo contingente. O sea, revivir nuevamente uno de los principales objetivos del pontificado de Benedicto XVI.

Dicho esto, por supuesto, sólo nos queda rezar y encomendar nuestra esperanza –la esperanza que salva, a la cual Benedicto XVI le dedicó toda una encíclica[3]– a un futuro que está en las manos de Dios.

GABRIEL J. ZANOTTI
*Buenos Aires, octubre de 2025.*

---

[3] *Spe salvi,* 2007, https://www.vatican.va/content/benedict-xvi/es/encyclicals/documents/hf_ben-xvi_enc_20071130_spe-salvi.html

# Capítulo I

# BENEDICTO XVI, LA MODERNIDAD Y EL CONCILIO VATICANO II

## 1. El prólogo al libro VII/I de sus *Obras Completas*

Joseph Ratzinger, como teólogo, estuvo, toda su vida, preocupado por la Modernidad. Es un tema que atraviesa transversalmente todos sus escritos, aunque tal vez se podría decir que algunos de ellos se ocupan del tema de manera central: la tercera parte de *Iglesia, ecumenismo y política*[4]; los textos contenidos en *Iglesia y Modernidad*[5], y tal vez la parte II de *Fe, verdad y tolerancia*[6].

Pero a fines de nuestro trabajo, ocupa un lugar destacado el prólogo a los dos libros dedicados a la enseñanza del Vaticano II, que son las partes 1 y 2 del tomo VII de sus *Obras Completas*[7]. En total son unas 1164 páginas que creo que no han sido suficientemente estudiadas, sobre todo por quienes no están de acuerdo con la hermenéutica de la continuidad.

---

[4] *BAC, Madrid, 1987.*
[5] Paulinas, Buenos Aires, 1992.
[6] Sígueme, Salamanca, 2005.
[7] Tomo VII/1, BAC, Madrid, 201 ; Tomo VII/2, BAC, Madrid, 2017.

Apenas comenzado su prólogo, dice Benedicto XVI (no se olvide el lector el año: 2012): «…La Iglesia, que todavía en el Barroco había actuado como factor plasmador del mundo en el sentido amplio de la palabra, había entrado visiblemente a partir del s. XIX en una relación negativa con la Edad Moderna, que sólo entonces comenzaba plenamente. ¿Tenían que seguir así las cosas?[8] ¿No podía la Iglesia dar un paso positivo hacia los nuevos tiempos? Detrás del vago concepto de «mundo actual» se encuentra la pregunta por la relación con la Edad Moderna. Para aclararlo, habría sido necesario definir de forma más precisa lo esencial y lo constitutivo de la Edad Moderna. Esto no se logró en el «esquema XIII».

No dejemos pasar esta importante frase: «…Para aclararlo habría sido necesario definir de forma más precisa lo esencial y lo constitutivo de la Edad Moderna», porque eso es precisamente lo que Benedicto XVI había hecho ya como Pontífice en su discurso del 22-12-2005, que será clave para todo este libro.

Pero agrega: ello no se logró en la famosa *Gaudium et spes*. No la critica, sólo le señala un límite, que «inesperadamente», según Benedicto, fue cubierto en otros documentos: «…Inesperadamente, el encuentro con los grandes temas de la Edad Moderna no sólo no se dio en la gran constitución pastoral, sino en dos documentos más breves cuya importancia sólo salió a relucir paulatinamente en la recepción del concilio. Se

---

[8] Muy interesante que Benedicto XVI diga «….¿Tenían que seguir así las cosas?» Porque eso fue precisamente lo que nos preguntamos en la entrada «En defensa, una vez más, del Concilio Vaticano II», del 3-12-24, de nuestro blog gzanotti.blogspot.com: «…Ante el protestante, o ante el Iluminista, ¿hasta cuándo íbamos a seguir diciendo, encerrados en nuestros muros, *anatema sit*? ¿Hasta cuándo? ¿For ever and ever sin ningún intento de comprensión, de conversación, de nueva evangelización?»

trata, primeramente, de la *Declaración sobre la libertad religiosa*, que fue exigida de forma muy perentoria y también preparada sobre todo por el episcopado estadounidense. La doctrina de la tolerancia, tal como había sido extensamente desarrollada por Pío XII[9], parecía no ser ya suficiente para hacer frente al desarrollo del pensamiento filosófico y de la autocomprensión del Estado moderno. Se trataba de la libertad de elegir y practicar la religión, así como la libertad de cambiar de religión como libertades individuales fundamentales del ser humano».

Y sobre lo segundo: «... El segundo documento que iba a demostrar su importancia para el encuentro de la Iglesia con la Edad Moderna surgió de forma casi casual y en varios estratos. Me refiero a la *Declaración Nostra aetate*, sobre las relaciones de la Iglesia con las religiones no cristianas. Al comienzo existía la intención de contar con una declaración sobre la relación entre la Iglesia y el judaísmo, un texto que se había hecho necesario por sí mismo por los horrores del Holocausanto Los padres conciliares de los países árabes no se opusieron a un texto semejante, pero declararon que, ya que se hablaba del judaísmo, había que decir también una

---

9 Que Benedicto cite a Pío XII en esta cuestión y no a León XIII, es interesante. Para fines del s. XIX y principios del siglo XX, había sido León XIII quien había desarrollado una doctrina de la tolerancia religiosa que en su momento le permitió maniobrar con el difícil margen que le había dejado su predecesor al respecto; sobre todo, para el caso de los EE.UU.. Pero ese adelanto de León XIII era insuficiente para las nuevas circunstancias de la reconstrucción democrática de Europa luego de la Segunda Guerra. Para esas nuevas circunstancias, el documento «*Comunidad internacional y tolerancia*», del 6-12-53, (Ver *Doctrina Pontificia, op. cit.Op. cit.* Original italiano en http://w2.vatican.va/content/pius-xii/it/ speeches/1953/documents/hf_p-xii_spe_19531206_giuristi-cattolici.html.) fue un verdadero adelanto y un apoyo necesario.

palabra sobre el Islam. Cuánta razón tenían es algo de lo que en Occidente nos hemos dado cuenta sólo poco a poco».

Con estos dos documentos, Benedicto XVI cubre dos de los tres ejes centrales de una modernidad en armonía con el Catolicismo, que él había tratado en su discurso del 2005: la sana laicidad, los derechos individuales (libertad religiosa incluida) y la ciencia. Porque la libertad religiosa entendida como libertad individual fundamental es inconcebible sin una distinción entre Iglesia y Estado donde la Iglesia no abarque (por el respeto al derecho a la libertad religiosa) el todo de la sociedad civil. Y además el diálogo con el no creyente está en la misma tónica. El no creyente en el catolicismo, ya cristiano, ya judío, islámico, budista, ateo o agnóstico, no es un mal en sí mismo al cual se lo tolera mientras no podamos sacarlo del medio: es una persona con la cual se dialoga. El mal es el error, no la persona. Por eso decíamos en diciembre de 2023: «… No es que la *Quanta cura* esté equivocada: el problema es su rechazo radical al Iluminismo *sin* las aclaraciones pertinentes sobre la Modernidad en lo político, que van surgiendo con León XIII, Pío XII y Juan XXIII, y se concretan, precisamente, en los documentos más controvertidos del Vaticano II. *Nostra aetate, Unitatis redintegratio, Gaudium et spes* y *Dignitatis humanae son* precisamente la modernidad católica. Es coherente que sean rechazados por los sectores tradicionalistas que nunca vieron, precisamente, la distinción entre Iluminismo y modernidad. La modernidad católica de esos documentos fue un logro de pensadores y teólogos católicos que luego de la primera guerra fueron fermentando todas esas nociones que luego se concretaron en esas declaraciones y decretos, que no surgieron por ende de la nada»[10].

Tengamos en cuenta que Benedicto XVI está escribiendo este prólogo *después* de siete años de su discurso del 2005. Por eso no hace todas las aclaraciones que ya había hecho allí. A ese esencial discurso, por ende, debemos ir.

## 2. El discurso del 22 de diciembre de 2005

Este discurso (que ojalá hubiera sido una encíclica) es un punto absolutamente indispensable para todo el pensamiento de Benedicto XVI y de todo su pontificado. Es casi una perfecta síntesis de todo su pensamiento anterior al respecto y un proyecto programático de todo su pontificado, que fracasa, no por él, sino por una Iglesia que, en su elemento humano, no estaba preparada para entenderlo[11].

Al principio no parecía que iba a tratar un tema de semejante importancia. Comienza comentando y honrando textos de Juan Pablo II; sigue hablando de la Jornada Mundial de la Juventud, y de repente... «...El último acontecimiento de este año sobre el que quisiera reflexionar en esta ocasión es la celebración de la clausura del concilio Vaticano II hace cuarenta años. Ese recuerdo suscita la pregunta: ¿cuál ha sido el resultado del Concilio? ¿Ha sido recibido de modo correcto? En la recepción del Concilio, ¿qué se ha hecho bien?, ¿qué ha sido insuficiente o equivocado?, ¿qué queda aún por hacer?»[12]

En los párrafos subsiguientes, Benedicto XVI explica su postura, por todos conocida, aunque no por todos comprendida. Por un lado, está la hermenéutica de la ruptura, que implicaría una discontinuidad *en lo esencial* entre el Vaticano II

---

[10] Zanotti, G.: «Las aclaraciones de Ratzinger sobre el Vaticano II y la Modernidad Católica», *Criterio,* Noviembre/Diciembre 2023.

[11] «...Vino a los suyos, y los suyos no la recibieron» San Juan I, 11.

[12] https://www.vatican.va/content/benedict-xvi/es/speeches/2005/december/documents/hf_ben_xvi_spe_20051222_roman-curia.html

y el Magisterio anterior. Es la hermenéutica de cierto «espíritu del Concilio», cuya esencia ya había explicado como Ratzinger en su famoso reportaje *Informe sobre la Fe*[13]: «...no soy yo el que ha cambiado, han cambiado ellos»[14]. Mons. Lefebvre también piensa que hay una discontinuidad en lo esencial. A pesar de sus innegables méritos, no pudo ver en los documentos más importantes del Vaticano II (los dos ya citados por Benedicto XVI en su prólogo arriba citado, más *Unitatis redintegratio*) sino una contradicción con la Tradición de la Iglesia.

Benedicto XVI ve, en cambio, una continuidad con esa Tradición y con el Magisterio anterior, una continuidad en lo esencial, aunque con «reformas en lo contingente». Es la «hermenéutica de la continuidad en lo esencial y reforma en lo contingente», que aún no pudo penetrar en los tejidos de la actual Iglesia (veremos qué nos depara el futuro).

Benedicto XVI cita los discursos de apertura de Juan XXIII y el de cierre de Pablo VI, y cuando está comentando a este último, cambia con precisión «mundo actual» por «mundo moderno»: «... Pablo VI, en su discurso durante la clausura del Concilio, indicó también una motivación específica por la cual una hermenéutica de la discontinuidad podría parecer convincente. En el gran debate sobre el hombre, que caracteriza el tiempo moderno, el Concilio debía dedicarse de modo especial al tema de la antropología. Debía interrogarse sobre la relación entre la Iglesia y su fe, por una parte, y el hombre y el mundo actual, por otra (cf. *ib.*, pp. 1173-1181). *La cuestión resulta mucho más clara si en lugar del término genérico «mundo actual» elegimos otro más preciso: «el Concilio debía determinar de modo nuevo la relación entre la Iglesia y la edad moderna»* (las itálicas son nuestras).

---

[13]  BAC, Madrid, 1985.
[14]  *Op. cit.*, p. 23.

## 2.1. La Modernidad y la ciencia

¿Pero qué es esa Edad Moderna y cuáles son sus manifestaciones históricas? Benedicto va rápido y resume mucho, presuponiendo que su audiencia lo podía entender: «...Esta relación tuvo un inicio muy problemático con el proceso a Galileo. Luego se rompió totalmente cuando Kant definió la «religión dentro de la razón pura» y cuando, en la fase radical de la revolución francesa, se difundió una imagen del Estado y del hombre que prácticamente no quería conceder espacio alguno a la Iglesia y a la fe. El enfrentamiento de la fe de la Iglesia con un liberalismo radical y también con unas ciencias naturales que pretendían abarcar con sus conocimientos toda la realidad hasta sus confines, proponiéndose tercamente hacer superflua la «hipótesis Dios», había provocado en el siglo XIX, bajo Pío IX, por parte de la Iglesia, ásperas y radicales condenas de ese espíritu de la edad moderna. Así pues, aparentemente no había ningún ámbito abierto a un entendimiento positivo y fructuoso, y también eran drásticos los rechazos por parte de los que se sentían representantes de la edad moderna».

Vayamos entonces más despacio: «... Esta relación tuvo un inicio muy problemático con el proceso a Galileo». Galileo es un símbolo preclaro de la armonía entre la ciencia moderna y la fe, pero históricamente problemático.

Galileo tiene como sus dos antecedentes más directos a Nicolás de Cusa y a Nicolás Copérnico, ambos representantes del neopitagorismo cristiano medieval[15]. Este movimiento

---

[15] Koyré, A.: *Estudios Galileanos*, Siglo XIX. Ed., 1996; *Estudios de historia de pensamiento científico*, Siglo XXI, 1998; *Del mundo cerrado al universo infinito*, Siglo XXI, 1998; *Pensar la ciencia*, Paidós, 1994.

intelectual, influenciado esencialmente por Nicolás de Cusa[16], había afirmado que siendo el mundo creado una participación de Dios, y siendo Dios perfecto, y siendo la matemática lo perfecto[17], el mundo físico creado debía ser matemático. Era un movimiento neoplatónico por la noción de participación, que ya de la mano de santo Tomás había sido asumida como causalidad[18], que ya sabemos por Fabro que se trata de una causalidad en el ser[19]. Pero santo Tomás no decía que esa participación implicaba una matematización del universo. Esa posición, opinable en sí misma, fue, sin embargo, lo que mueve a Copérnico[20] (cuyo profesor de Matemática había sido discípulo de Nicolás de Cusa[21]) a buscar una solución matemática a las anomalías del sistema Ptolemaico, y esa solución era su hipótesis que ahora llamamos copernicana. Galileo está «tan» de acuerdo con Copérnico que pasa de afirmarla como hipótesis a afirmarla como certeza total, con un hiperrealismo, posición que hoy ha sido dejada de lado por importantes filósofos de la ciencia[22].

---

[16] Sobre Nicolás de Cusa, ver Sciacca, M.F.: *Historia de la filosofía*, Luis Miracle, Barcelona, 1954.

[17] Era la posición de los neopitagóricos cristianos, pero no la de Sto. Tomás. Para este último, la perfección en Dios era un resultado de ser la causa primera no-finita.

[18] Para santo Tomás, todo lo que es tal por esencia es causa de aquello que es tal por participación. Ver al respecto Fabro, C.: *Drama del hombre y misterio de Dios*, Rialp, Madrid, 1977.

[19] Fabro, C.: *Participation et causalité*, Publications Université de Louvain, 1961.

[20] Ver Kuhn, T.: *La revolución copernicana*; Orbis, Madrid, 1985.

[21] Sobre este tema ver Koestler, A.: *Los sonámbulos*, Eudeba, Buenos Aires, 1963.

[22] Ver Popper, K.: «Tres concepciones sobre el conocimiento humano», en *Conjeturas y refutaciones*, Paidós, Barcelona, 1983.

Cuando Galileo asume esta posición, en su famosa *Carta de la Duquesa Cristina*[23], había dos posiciones sobre la interpretación de las Sagradas Escrituras en materia física[24]. Una, tradicionalista: las escrituras debían interpretarse en esos ámbitos literalmente «a menos que se demostrara lo contrario», y la otra, defendida por Galileo[25], que admitía ya lo que luego fue obvio en todos los teólogos católicos: en temas físicos, las Sagradas Escrituras son simbólicas. Barberini, además, afirmaba un «escepticismo teológico» en Física y Astronomía: sólo Dios sabe cómo es el mundo físico y a los humanos no les queda más que........... Hacer hipótesis (cosa que Popper cita obviamente a su favor[26]).

Pero Galileo, en esa famosa carta, afirma que él sí va a poder «demostrar lo contrario» (hoy sabemos por Popper que en Física nadie «demuestra» nada y que, además, la supuesta «demostración» de Galileo, por el movimiento de las mareas, era retrospectivamente errada) y además lo hace diciendo que la posición de Copérnico tenía plena verdad y certeza. Barberini y Bellarmino temen que la posición de Galileo produzca un grave problema con los tradicionalistas, un problema similar a Lutero (estamos en 1610, el drama con Lutero había ocurrido en 1517), y entonces le «piden», vía Bellarmino, que «afirme lo suyo como hipótesis»[27]. Galileo dice que sí, pero................ En 1632, cuando logra el *imprimatur* para su famoso *Diálogo sobre los dos sistemas del mundo*[28], no sólo

[23] Koestler, *Op. cit.*, y Artigas, M, y Shea, W.: .*Galileo Observed*, Watson Publishing Intrnational, 2006.
[24] Artigas y Shea, *Op. cit.*
[25] *Op. cit.*
[26] Popper, K., *Op. cit.*
[27] Koestler, *Op. cit.*
[28] Alianza Ed., 1994.

vuelve a afirmar lo suyo como certeza, sino que no tiene mejor idea que ridiculizar (en la última página del libro) la posición epistemológica de Barberini, ya entonces Urbano VIII. Y allí es cuando se inicia el proceso a Galileo.

El conflicto no fue por ende de la Iglesia en tanto Iglesia con Galileo: la posición copernicana no estaba condenada si se afirmaba como hipótesis. Fue un conflicto entre Galileo y la prudencia que le solicitaba el ala liberal de la Iglesia en materia de hermenéutica de las Sagradas Escrituras, y fue finalmente un conflicto personal entre Galileo y Maffeo Barberini/Urbano VIII, que se adulaban mutuamente, pero en el fondo competían entre sí.

Por lo tanto, no hubo conflicto con la ciencia de la Modernidad, una ciencia neopitagórica, neoplatónica, matemática, que circulaba libremente en el Vaticano con la más plena protección de los cardenales renacentistas de la época.

## 2.2. Kant y la metafísica

Sigamos entonces con Kant. «… Luego se rompió totalmente cuando Kant definió la 'religión dentro de la razón pura'».

Esa relación de armonía entre razón y fe, que ya había descollado en Teología con santo Tomás y se había afirmado en la ciencia de Copérnico y Galileo, «se rompe» con Kant.

Sobre Kant hay dos interpretaciones dominantes. Una moderada, casi escolástica, muy minoritaria, según la cual Kant había criticado la metafísica pero la habría rescatado, incluso para el acceso a Dios, en esa profunda unión que propone entre metafísica y ética[29].

---

[29]  Ver Leocata, F.: «Kant y la fundación de la Nueva Ilustración», en *La vertiente bifurcada*, EDUCA, Buenos Aires, 2013.

La otra interpretación, la habitual, a la que adhiere Benedicto, es la que presenta a Kant como quien critica como irremisiblemente erradas las demostraciones «modernas» de la existencia de Dios, del alma y de la libertad. Habría mucho que decir sobre esanto Hay cierto consenso en el pensamiento filosófico cristiano sobre que Kant critica fundamentalmente la reconstrucción cartesiana de la metafísica, donde el argumento ontológico es esencial para la demostración de la existencia de Dios[30]. Esa metafísica es la que habría llegado a Kant vía la síntesis Leibniz-Wolff. Habría que ver por ende qué hubiera pasado si Kant hubiera tenido plena conciencia de que santo Tomás había rechazado el argumento ontológico. Pero ese mundo paralelo supone que el argumento ontológico está irremisiblemente errado, y eso *no* es así si nos referimos a san Anselmo según la *Fides et ratio*[31], y es dudosamente así si reconstruimos el argumento ontológico según lo propuesto por Francisco Leocata[32].

Para resolver esta cuestión no tenemos más remedio que recurrir a lo que hemos llamado «autor hipotético»: **si** Kant niega toda metafísica especulativa, **si** Kant negó toda posibilidad de demostrar a Dios como causa no finita de lo finito (observemos que no hemos dicho «existencia»), entonces Kant implicó una decidida ruptura entre razón y Fe, porque la Fe, cuando se defiende a sí misma del absurdo (esto es esencial en todo el pensamiento de Ratzinger), genera un pensamiento racional que sedimentó luego en la metafísica de san Agustín

---

[30] Fabro, C.: *Drama del hombre y existencia de Dios*, *Op. cit.*

[31] Encíclica firmada por Juan Pablo II pero obviamente con el asesoramiento de Joseph Ratzinger, el entonces Prefecto para la Sagrada Congregación de la Doctrina de la Fe.

[32] Ver «Una lectura cartesiana», *en La vertiente bifurcada*, *Op. cit.*

y la de santo Tomás. Y lamentablemente esa es la manera habitual de interpretar a Kant.

Cuando Kant produce, ya sea porque él lo dijo, ya sea porque así se lo interpretó, esa ruptura entre razón y Fe, entonces, aunque en Kant la ética siga teniendo fundamento racional, la ciencia deja de tener diálogo con la metafísica, porque la creación del mundo por parte de Dios (como era en Galileo, en Kepler y Newton) pasa a ser, en Kant, algo no demostrable y finalmente en Laplace «una hipótesis que ya no es necesaria». Y así se entiende el siguiente párrafo de Benedicto: «…y cuando, en la fase radical de la revolución francesa, se difundió una imagen del Estado y del hombre que prácticamente no quería conceder espacio alguno a la Iglesia y a la fe. El enfrentamiento de la fe de la Iglesia con un liberalismo radical y también con unas ciencias naturales que pretendían abarcar con sus conocimientos toda la realidad hasta sus confines, proponiéndose tercamente hacer superflua la «hipótesis Dios», había provocado en el siglo XXI, bajo Pío IX, por parte de la Iglesia, ásperas y radicales condenas de ese espíritu de la edad moderna».

Pero este párrafo también merece muchas explicaciones.

## 2.3. El ala radical de la Revolución Francesa

La «fase radical de la Revolución Francesa» coincide con lo que Leocata llama iluminismo, como esencial *voluntad de inmanencia*. Aunque no predique una violencia como el sector radical de la Revolución, sin embargo, como buen heredero del libertinismo erudito[33], «…se difundió una imagen del Estado y del

---

[33] Al respecto, ver Leocata, F.: «EL debate sobre Ilustración y Modernidad», en *La vertiente…. Op. cit.*

hombre que prácticamente no quería conceder espacio alguno a la Iglesia y a la fe». El libertinismo erudito es el aspecto más negativo del Renacimiento, donde autores como Cherron, Pierre Bailey y Montaigne hacen renacer el escepticismo moral más radical del pensamiento antiguo. Pero además hay que agregar a esto las críticas de autores como Voltaire al pensamiento religioso en sí mismo, que no es lo mismo: son críticas donde, después de las guerras religiosas entre protestantes y católicos, se confunde comprensiblemente a la religión con el fanatismo, confusión contra la cual ha combatido Ratzinger en todos sus escritos[34], pero cabe reconocer que esa confusión fue alimentada por el comportamiento de muchos protestantes y católicos en los años inmediatos posteriores a la Reforma.

La cuestión es que esa visión de la fe produce la separación hostil entre Iglesia y Estado típica del ala radical de la Revolución Francesa y que luego se extiende en el Imperio Napoleónico, dejando tantas consecuencias negativas en los movimientos de independencia latinoamericanos.

Eso es lo que radicalmente llega a las encíclicas de Gregorio XVI y de Pío IX sobre el «mundo moderno»[35]: un mundo que se habría confundido con el Iluminismo filosófico y político, y por eso «...El enfrentamiento de la fe de la Iglesia con un liberalismo radical». Ahora se entiende mejor lo afirmado por Benedicto XVI en su prólogo ya citado a los libros VII/I y II de sus *Obras Completas*: «...La Iglesia, que todavía en el Barroco había actuado como factor plasmador del mundo en el sentido amplio de la palabra, había entrado visiblemente a partir del s. XIX en una relación negativa con la Edad Moderna».

---

[34] Especialmente en Ratzinger, J., y d'Arcais, P.: *¿Dios existe?*, Planeta, Buenos Aires, 2008.

[35] *Mirari vos* y *Quanta cura*, respectivamente.

## 2.3.1. La relación con la ciencia

Pero también «… con unas ciencias naturales que pretendían abarcar con sus conocimientos toda la realidad hasta sus confines, proponiéndose tercamente hacer superflua la «hipótesis Dios»». La ciencia, en sí misma una derivación del Cristianismo, es enfrentada con la Fe por el Iluminismo. ¿Por qué decimos «en sí misma una derivación del Cristianismo»? Porque, desde el principio, J. Ratzinger ha destacado que la Revelación al pueblo de Israel es una especie de «Iluminismo» racional en medio de civilizaciones míticas[36]. Como ya hemos explicado en una oportunidad[37], no se trata de despreciar la riqueza del pensamiento mítico[38]. Pero sí de señalar un límite: no podía discernir, diferenciar sanamente, entre lo que hoy, retrospectivamente, llamamos lo político, lo científico y lo religioso. El panteísmo del pensamiento mítico no permite diferenciar esferas, porque todo es uno. La Revelación judeo-cristiana, en cambio, con su esencial noción de creación, diferencia esencialmente al Creador de lo creado por Dios, aunque lo creado por Dios tenga, como dice santo Tomás, una relación de causalidad en el ser[39] con el Creador. Esa diferencia esencial entre Dios y lo creado tiene efectos revolucionarios (nuevos) para el mundo antiguo. Primero, el hombre no es Dios, lo cual abre el camino evolutivo para la limitación del poder. Segundo, el hombre es creado con una esencia, lo cual abre el camino evolutivo hacia la ley natural.

---

[36] *Introducción al Cristianismo*, Sígueme, Salamanca, 2016.
[37] Judeo-Cristianismo…. *Op. cit.*
[38] Sobre ese tema ver Gadamer, H.G.: *Mito y razón*, Paidós, 1997.
[39] Una «causa essendi»: una causalidad que siempre está actuando en el efecto. Si Dios deja de causar, lo finto deja de ser.

Tercero, el mundo físico no es Dios, lo cual permite diferenciar entre lo sagrado (la gracia, los sacramentos, el Templo, la Historia de la Salvación) y todo lo demás en las Sagradas Escrituras, con lo cual volvemos a lo que habíamos explicado antes: todos los elementos físicos de las Escrituras (los siete días, el barro y el agua, etc.) son simbólicos, y, por ende (esto que sigue es esencial) no hay revelación del mundo físico, esto es, la Revelación deja el ser humano en una esencial ignorancia sobre la verdadera esencia del mundo físico, con lo cual, como bien ha señalado S. Jaki[40], no le queda otra que irlo conjeturando gradualmente: ciencia. Por eso a santo Tomás, de la mano de Alberto Magno, le es tan natural integrar las obras de Aristóteles el pensamiento cristiano, no porque todo lo afirmado por el estagirita sobre física o biología (y menos aún cosmología) fuera verdadero o se desprendiera de la revelación, sino porque el mundo creado no es un títere: tiene una esencia, una naturaleza, una autonomía; todo el mundo físico, animado o no, se mueve según causas eficientes principales, no instrumentales, su propio ámbito: eso sí se desprende de la noción de creación, aunque luego vayan cambiando las hipótesis opinables por las cuales tratamos de acercarnos a la naturaleza de esas causas físicas. Y por eso a insignes tomistas del s. XX les ha sido tan fácil relacionar toda la física de los siglos XXI y XX con el pensamiento de santo Tomás (donde se destaca la figura de Mariano Artigas[41]) porque saben que la naturaleza creada de las cosas jamás puede ser contradictoria con la fe en un Dios creador. Y que «...el mundo creado se

---

[40] En *The Road of Science and the Ways to God*, University of Chicago Press, 1978.

[41] Ver sus dos grandes obras de filosofía de la física, *La inteligibilidad de la naturaleza*, Eunsa, Pamplona, 1992; y *La mente del universo*, Eunsa, Pamplona, 1999.

mueva según causas eficientes principales, no instrumentales, su propio ámbito» *también* tiene *fundamentales* consecuencias en lo político: el gobernante humano no se confunde con el gobierno de la Iglesia y es también causa eficiente principal en su propia esfera (el bien común temporal), de donde emerge gradualmente la noción de sana laicidad, tan cara al pensamiento, como veremos, de Benedicto XVI.

## 2.4. La diferencia entre la revolución norteamericana y la francesa

¿Cómo sigue el texto? Dice a continuación Benedicto: «… Sin embargo, mientras tanto, incluso la edad moderna había evolucionado. La gente se daba cuenta de que la revolución americana había ofrecido un modelo de Estado moderno diverso del que fomentaban las tendencias radicales surgidas en la segunda fase de la revolución francesa. Las ciencias naturales comenzaban a reflexionar, cada vez más claramente, sobre su propio límite, impuesto por su mismo método que, aunque realizaba cosas grandiosas, no era capaz de comprender la totalidad de la realidad».

Este párrafo tiene dos cuestiones esenciales. La primera es la distinción entre EEUU y la Revolución Francesa, distinción histórica que corresponde precisamente a la distinción entre el Iluminismo y la Modernidad que Benedicto quiere rescatar como compatible con el Catolicismo. NO, volvemos a reiterar, porque el Catolicismo se concrete en una realización histórica imperfecta, pero sí por dos cosas: uno, una historia concreta imperfecta, pero más cercana a los impulsos históricos del Evangelio; dos, una cuestión estrictamente conceptual, que se corresponde sí con las enseñanzas morales fundamentales de la Doctrina Social de la Iglesia.

Sobre uno, habría que resumir diversos aspectos, tratados largamente por autores como Edmund Burke[42], Lord Acton[43], Russell Kirk[44] y F. A. von Hayek[45], entre otros. Este último, especialmente, ha explicado varias veces, pero sobre todo en *Los fundamentos de la libertad*[46], que las colonias norteamericanas heredan la evolución del *common law* británico, que en sí mismo es totalmente anterior a la división entre católicos, protestantes y anglicanos. Es un fruto de la Inglaterra católica.

Citando los antecedentes en Atenas y Roma (Solon, Herodoto, Aristóteles, Tito Livio, Tácito, Cicerón) Hayek pasa a la evolución inglesa, citando la Carta Magna, el Pleito de los Monopolios, la discusión al respecto por Sir Edward Coke; la abolición de los tribunales privilegiados, los esfuerzos por la independencia de los jueces, de donde surgen evolutivamente garantías como que no haya castigo sin una ley previa; que las leyes carecen de efectos retroactivos, y la idea de la separación de poderes[47]. Sobre esta última, Hayek no sólo reconoce la influencia de Montesquieu, sino que explica que fue una evolución espontánea que nada tuvo que ver con el constructivismo racionalista[48] de los revolucionarios franceses. No hubo en Inglaterra un poder legislativo que «hacía las leyes». El *law* era una cosa, la *legislation*, otra. El *law* era el

---

[42] *Reflexiones sobre la Revolución en Francia*, Alianza, Madrid, 2003.

[43] «Historia de la Libertad en la Cristiandad», en *Estudios Públicos* (14), 1984.

[44] *Edmund Burke, redescubriendo a un genio*, Ciudadela, Madrid, 2007.

[45] *Los fundamentos de la libertad*, Unión Editorial, Madrid, 1975, y *Derecho, Legislación y Libertad*, Unión Editorial, Madrid, Vols, 1, 2 y 3, 1978, 1979 y 1982 respectivamente.

[46] *Op. cit.*, cap. 12.

[47] NO como en la Revolución francesa, sino en la historia de Inglaterra.

[48] Hayek, F. A. von: «Los errores del constructivismo», en *Nuevos Estudios*, Eudeba, Buenos Aires, 1981.

conjunto de libertades y garantías protegidas por los jueces. La *legislation*, edictos administrativos emanados por el rey y el parlamento para la administración de bienes públicos. Y la cámara de los Lores tenía el papel de custodio y de veto sobre las disposiciones que violaran al *law*. Como vemos, el ideal del gobierno mixto, afirmado por Polibio en el s. II[49], evolucionó en Inglaterra de un modo que nada tuvo que ver con la Revolución Francesa. La división de poderes era la división entre el rey y la cámara de los comunes por un lado, y la cámara de los Lores y los jueces custodiando al *law*, por el otro.

Eso es lo que llega a los EEUU, que Hayek llama «la contribución norteamericana». El elemento aristocrático se concentra en el *Senate* y la Corte Suprema de Justicia; el elemento monárquico, en el Poder Ejecutivo, y el elemento democrático, en la «*House*». Todo el armado constitucional explicado por los autores de «El Federalista»[50] nada tiene que ver con el constructivismo racionalista; es un humilde y eficiente[51] sistema de limitación del poder escrito por abogados formados en el *common law* arriba referido.

Parte esencial de esta historia imperfecta es la Declaración de la Independencia escrita por Jefferson, influida por Locke, un milagro en la historia humana de la crueldad, donde se

---

[49]  Ver al respecto Sabine, *Historia de las Ideas Políticas*, FCE, 2021.

[50]  Hamilton, Jay, Madison: *The Federalist*, Liberty Fund, 2001.

[51]  Actualmente casi todos los anarco-capitalistas sostienen que el sistema falló desde el principio, que una federación como la de 1787 era ilegítima y que estaba condenada al fracaso desde el principio. Que finalmente fracasó, hoy, por el carácter casi omnipotente del gobierno norteamericano, es «de facto» así, pero yo no creo que haya tenido que ser *necesariamente* así. Prefiero la propuesta de un Hayek en *Derecho, Legislación y Libertad*, libro III, (op.cit) de retorno a los ideales de un gobierno limitado, para ver si *después* podemos aspirar a una *confederació*n con derecho a la secesión.

afirma que todos los seres humanos son creados por Dios y por ende nacen libres e iguales en ejercicio de sus derechos individuales a la vida, la libertad y la búsqueda de la felicidad. Por supuesto que todo esto es imperfecto, evolutivo, como siempre lo será todo en la historia humana, pero la clave es señalar la línea de evolución. Claro que Jefferson era presbiteriano y tenía esclavos, y Locke era anglicano, pero no eran esas divisiones dentro del cristianismo lo que los movieron a hablar de derechos, sino la cultura cristiana *no iluminista* que los movía. Por lo demás, se discutirá ad infinitum si Locke se acercaba al Iluminismo o, como afirma otra interpretación,[52] escribía más bien influenciado por el tomista anglicano Richard Hooker, quien a su vez fuera influenciado por el escolástico tomista Juan de Mariana. Lo cual conecta, a su vez, con la famosa Segunda Escolástica: Francisco Suárez, Francisco de Vitoria y Juan de Mariana[53], como fuente teorética principal de la noción de los derechos del súbdito ante el poder político (movidos por la circunstancia histórica de la Evangelización, a lo cual podríamos agregar al Papa Pablo III y su bula *Sublimis Deus* de 1537[54]).

Todo esto explica que la relación entre Cristianismo y Estado en los EE. UU. fuera una *religiosidad pública no estatal,* donde el Cristianismo influyó en las instituciones básicas

[52] Ver Migliore, J.: «John Locke y el problema de la ley natural», en *Libertas* (32), 2000.

[53] Sobre la Segunda Escolástica, los autores del s. XX que clásicamente la han estudiado en relación a la economía de mercado y el gobierno limitado son Schumpeter, Grice-Hutchison, Hayek, De Roover, Kauder, Rothbard, Novak, Liggio, Chafuen, Termes.

[54] Sobre la *Sublimis Deus,* ver Fidel González Fernández, «Sublimis Deus; Bula y Breves de Pablo III», en https://www.dhial.org/diccionario/index. php?title=SUBLIMIS DEUS; Bula y Breves de Paulo III

y en la ley natural reconocida jurídicamente en el *common law*. Lo que M. Novak[55], basándose en lo que Maritain llamó «Estado laico vitalmente cristiano»,[56] denominó el *marco moral-cultural* del marco institucional y económico. Algo que ya había analizado Tocqueville en su famoso libro sobre *La democracia en América*[57].

Por supuesto, diversos tradicionalistas consideran esto último contrario al catolicismo, pero llegaremos a ese punto hacia el final del comentario a este documento.

Ahora bien, con estas cuestiones históricas (y en ese sentido opinables) Benedicto XVI tiene un esencial acuerdo.

Sobre Tocqueville, dijo: «Alexis de Tocqueville defendió, con argumentos bien trabajados y de gran agudeza, que la democracia se fundamentaba más en las costumbres que en las instituciones; donde no las sustenta una convicción común, las instituciones se mueven en el vacío y las imposiciones se hacen necesarias; la libertad presupone unas convicciones; las convicciones, educación y conciencia ética»[58].

Sobre la religiosidad pública no estatal, sostuvo: «…Entre los dos modelos[59] se sitúa el modelo de los Estados Unidos de Norteamérica, que por una parte –sobre la base de las iglesias libres– adopta un rígido sistema de separación, y por otra parte, por encima de las diversas denominaciones,

---

[55] Novak, M.: *El espíritu del capitalismo democrático*, Ediciones Tres Tiempos, 1984.
[56] Maritain, J.: *El hombre y el Estado*, Club de Lectores, Buenos Aires, 1984.
[57] Alianza Ed., Madrid, 1 y 2, 1980.
[58] *Iglesia, Ecumenismo y Política*, BAC, Madrid, 1987, parte III, sección 2da, IV.
[59] Se refiere a las iglesias «nacionales» de Gran Bretaña y de Estados germánicos y escandinavos.

está plasmado un consenso de fondo cristiano-protestante no definido en términos confesionales, sino ligado a una conciencia particular de misión religiosa en relación con el resto del mundo. De esta manera, se constituía en fuerza prepolítica y suprapolítica, potencialmente dominante para la vida política»[60].

Como Pontífice, dijo ante Mary Ann Glendon, en 2008: «…Desde el alba de la República, como usted ha observado, Estados Unidos ha sido una nación que valora el papel de las creencias religiosas para garantizar un orden democrático vibrante y éticamente sano. El ejemplo de su nación que reúne a personas de buena voluntad independientemente de la raza, la nacionalidad o el credo, en una visión compartida y en una búsqueda disciplinada del bien común, ha estimulado a muchas naciones más jóvenes en sus esfuerzos por crear un orden social armonioso, libre y jusanto Esta tarea de conciliar unidad y diversidad, de perfilar un objetivo común y de hacer acopio de la energía moral necesaria para alcanzarlo, se ha convertido hoy en una tarea urgente para toda la familia humana, cada vez más consciente de su interdependencia y de la necesidad de una solidaridad efectiva para hacer frente a los desafíos mundiales y construir un futuro de paz para las futuras generaciones»[61].

---

[60] En «Europa, sus fundamentos espirituales ayer, hoy y mañana», en Ratzinger, J., y Pera, Marcello: Sin raíces, Península, Barcelona, 2015.

[61] https://www.vatican.va/content/benedict-xvi/es/speeches/2008/february/documents/hf_ben-xvi_spe_20080229_ambassador-usa.html. Dado todo el contexto, no es un discurso ocasional escrito por otro a un Pontífice que no entendía nada (como tantas veces sucede…): son palabras pronunciadas por alguien que entendía de qué estaba hablando y a quién estaba hablando.

Similares consideraciones tiene Benedicto XVI sobre la evolución del Estado de Derecho en Inglaterra, en un discurso de 2010 que luego analizaremos detenidamente: «… Permítanme expresar igualmente mi estima por el Parlamento, presente en este lugar desde hace siglos y que ha tenido una profunda influencia en el desarrollo de los gobiernos democráticos entre las naciones, especialmente en la *Commonwealth* y en el mundo de habla inglesa en general. Vuestra tradición jurídica —«*common law*»— sirve de base a los sistemas legales de muchos lugares del mundo, y vuestra visión particular de los respectivos derechos y deberes del Estado y de las personas, así como de la separación de poderes, siguen inspirando a muchos en todo el mundo»[62].

Por supuesto, muchos tradicionalistas dirán que Benedicto está dejando de lado *la confesionalidad formal «en tesis» según León XIII*. Sobre este tema volveremos al final del comentario a este discurso.

Por ahora, no nos olvidemos de que habíamos dicho que había una segunda cuestión en este tema (la distinción entre la tradición anglosajona y el ala radical de la Revolución Francesa) que era estrictamente conceptual.

### 2.4.1. La cuestión conceptual

Que el ser humano es creado tal por Dios y que de su naturaleza se derivan  ciertos derechos naturales esenciales, es así más allá de quién lo haya dicho o cómo se haya concretado ello históricamente.

---

[62] https://www.vatican.va/content/benedict-xvi/es/speeches/2010/september/documents/hf_ben-xvi_spe_20100917_societa-civile.html

Es un locus clásico la I-II Q 94 a. 2c. de la *Suma Teológica* donde santo Tomás, para afirmar si los preceptos de la ley natural son varios o uno solo, divide el orden de los preceptos de la ley natural según las inclinaciones propias de la naturaleza humana. Ahora bien, la ética de santo Tomás es una ética de virtudes, entre las cuales la justicia ocupa un lugar primordial. Y la justicia es dar a cada uno lo suyo. Por ende, hay que respetar «lo suyo» del ser humano. Y «lo suyo» del ser humano es precisamente esa naturaleza. Por ende, es un deber primordial de justicia respetar la naturaleza humana. Primero está ese deber de justicia. De ese deber se desprende el derecho, pues si A debe X a B, B tiene el derecho de exigir a A ese X. Y ese X es, precisamente. El deber que A tiene de respetar la naturaleza humana de B.

Por ende, todos los seres humanos nacen con el derecho natural a que su naturaleza sea respetada, y esos son los derechos naturales.

Por ende, más allá de la evolución histórica de la toma de conciencia de ese deber de justicia, y más allá de las concreciones institucionales para respetarlo, todo ser humano tiene, ontológicamente, derechos naturales. Esto dicho «*in abstracto*» más allá de los «derechos naturales *in concreto*» que son su concreción histórica según se vaya tomando mayor moral de ellos y según la referida evolución histórica de las instituciones limitantes del poder.

Por ende, es un error decir que toda persona tiene deberes naturales, pero no derechos naturales. Dado el deber de justicia, y dado que la justicia exige respetar la naturaleza del otro, toda persona tiene derecho a reclamar ese deber.

Pero, a su vez, es un «principio moral en sí mismo», más allá de su larga y delicada evolución histórica, que el poder debe ser limitado. Porque como ya hemos visto, de la noción cristiana de creación no solo se desprende que el mundo físico no se confunde con Dios, sino que el ser humano no es Dios y que todo ser humano debe obedecer a la ley natural. Por ende, todo ser humano que tenga poder político, sea cual fuere, lo debe ejercer limitadamente: debe respetar la ley natural, la justicia y, por ende, los derechos de los súbditos.

Y así lo reconoce la Doctrina Social de la Iglesia en su Magisterio, sobre todo desde Pío XII en adelante[63], donde Benedicto XVI ocupa un lugar fundamental.

Todo esto, que es así «en sí mismo», ha evolucionado históricamente, y toda historia humana es imperfecta y siempre lo será. Siempre está en un punto imperfecto en relación a un futuro posterior que también será imperfecto, y tomar conciencia de ello es estar vacunado contra toda utopía contra las cuales luchó toda su vida Benedicto XVI[64].

Por eso, puede hacerse la siguiente comparación: de la noción de creación se desprende el orden del universo y la autonomía relativa de las causas segundas en el orden físico. Ahora bien, históricamente ello «se concreta» en autores como Copérnico, Galileo, Kepler y Newton, que dependían todos, como hemos explicado, del neopitagorismo cristiano medieval que, a su vez, como movimiento histórico fue imperfecto, e imperfectos fueron esos autores; imperfectas sus vidas, sus obras y sus circunstancias, pero bien orientados «evolutivamente». No es lo mismo la filosofía de la Física de Newton que la de Mariano Artigas; esta última es «mejor», pero mejor será la filosofía de la Física de otro autor cristiano del s. XXII. Y así sucesivamente.

---

[63] Ver Judeo-Cristianismo…. *Op. cit.*

[64] Ver *Spe salvi*, op.cit, Lo comentaremos más detenidamente en el último capítulo.

De igual modo, con respecto a la evolución histórica de los derechos naturales, en cuanto a su toma de conciencia, expresión teorética e institucional, imperfecto ha sido todo. Imperfectos han sido (para poner un relativo punto de inicio) santo Tomás, Julio III, Juan de Mariana, Francisco de Vitoria, Francisco Suárez, Bartolomé de las Casas, Richard Hooker, J. Locke, Jefferson y todos los firmantes de la Declaración de la Independencia de 1776. Pero así como los físicos referidos vieron lo esencial (la relación entre la creación y el orden de la naturaleza física), ellos también vieron lo esencial: la relación entre Dios, la ley natural y los derechos naturales. Pero –reitero una vez más– lo esencial se despliega históricamente. Y la historia es imperfecta. Ciertos tradicionalistas aceptarían lo que Benedicto XVI dice de la tradición anglosajona solo si EE.UU. hubiera sido fundado por Pío IX. Pero como no fue así, lo desprecian. Se comportan igual que la *woke-culture*: lo que no es perfecto se cancela.

La opción de Benedicto por la tradición anglosajona y su rechazo del ala radical de la Revolución Francesa no fue, por ende, una opción 1-0, que niegue los matices de lo humano. Fue la opción que correspondía si, volviendo al principio, había que explicar con qué «mundo actual» el Vaticano II quiso dialogar. No con la guillotina de Robespierre. Pero sí con las repúblicas que limitaron el poder, dividieron el poder y respetaron los derechos esenciales del hombre.

### 2.5. Los límites de las ciencias naturales

Ahora bien, todo esto para explicar que «…la revolución americana había ofrecido un modelo de Estado moderno diverso del que fomentaban las tendencias radicales surgidas en la segunda fase de la revolución francesa». Pero el párrafo tiene una segunda parte: «… Las ciencias naturales comenzaban a reflexionar, cada vez más claramente, sobre su propio límite, impuesto por su mismo método que, aunque realizaba cosas grandiosas, no era capaz de comprender la totalidad de la realidad».

O sea: la Iglesia está más en condiciones de dialogar con la ciencia en el s. XX, a partir de la década del 60, porque para entonces el neopositivismo, que no es más que el iluminismo en las ciencias, ya se enfrentaba con las críticas de Karl Popper[65], que implicaban un límite en las pretensiones del positivismo y el neopositivismo, críticas que venían de la naturaleza misma del método en las ciencias.

El neopitagorismo cristiano medieval, al que nos hemos referido (Nicolás de Cusa, Copérnico, Galileo, Kepler, Newton), fue verdaderamente cristiano al afirmar el orden del universo como una participación del logos que es Dios. Pero tenía un defecto en el cual no había caído santo Tomás, que admitía en la física y en la cosmología un ámbito de contingencia, tanto en sí misma[66] como en su método[67].

Ese ámbito de contingencia había sido olvidado por el rígido determinismo que va de Galileo hasta Newton, donde el universo físico es absolutamente exacto. Comprensiblemente, ellos veían en esa exactitud una participación en Dios, pero no habían heredado de santo Tomás la presencia del *per accidens*

---

[65] Sobre todo en *Conjeturas y refutaciones*; Paidós, Barcelona, 1983; *Conocimiento objetivo*; Tecnos,Madrid, 1988; y *La lógica de la investigación científica*, Tecnos, Madrid, 1985

[66] Ver *Contra Gentiles*, III, 74.

[67] *In Boethium de Trinitate* en: *Teoría de la ciencia*; Ediciones del Rey, Buenos Aires, 1991; estudio preliminar, traducción y notas de Celina A. Lértora Mendoza.

en las causas segundas[68]. Así las cosas, bastó que Laplace heredara de Newton esa concepción del universo, que, atravesada por el iluminismo, eliminaba la «hipótesis de Dios», para dar el paso al positivismo. Si a eso agregamos la eliminación de la metafísica heredada de la interpretación habitual de Kant, tenemos con ello la concepción del mundo del positivismo: un universo solamente material, absolutamente autónomo, donde toda referencia a una causa primera es un sin sentido. «Sin sentido»: esa es la acusación fundamental del neopositivismo del s. XX a la metafísica, donde lo que no es científico es un sin sentido irracional, en autores como Carnap, Neurath y Schlick fundamentalmente[69]. Si bien en estos autores ya hay una consideración del indeterminismo de la naturaleza, porque no podían ignorar la física cuántica, y una razonable consideración de la probabilidad en el método, por el lado de Hempel[70], sin embargo, heredaban de J.S. Mill[71] la pretensión de que el método científico se acercara lo más posible a la certeza, a la «prueba», de algún modo, de las hipótesis. Todo eso es lo que va a poner en tela de juicio Karl Popper, *desde la naturaleza misma del método de las ciencias naturales*. Decimos « ...*desde la naturaleza misma del método de las ciencias naturales*» porque *eso* fue fundamental para que al menos hubiera debate. Los neopositivistas no iban a escuchar nunca a Fabro ni a Gilson, y menos aún a Heidegger (tampoco escucharon a Husserl[72] ni a la Escuela de Frankfurt[73]). Pero Popper les hablaba desde su mundo.

---

[68] Es lo que siempre destaca Mariano Artigas en *Op. cit.*
[69] Ver sus artículos clásicos en Ayer, A.J. *El positivismo lógico,* , FCE, 1965
[70] En *La explicación científica,* Paidós, 2005.
[71] Ver su clásico *A System of Logic*; Harper & Brothers Publishers, 1882.
[72] *The Crisis of European Sciences*, Northwestern University Press, 1970.
[73] Horkheimer y Adorno, *La dialéctica de la Ilustración,* Trotta, Madrid, 2003.

Demostró con la lógica matemática que la metafísica puede tener sentido[74] (lo cual no implicaba que toda metafísica lo tuviera[75]), y con la misma lógica del método hipotético-deductivo demostró que una hipótesis nunca puede ser definitivamente «probada» sino a lo sumo corroborada, esto es, no contradicha hasta el momento[76], o momentáneamente falsada[77]. La ciencia es, desde Popper, *caminar con zancos en un terreno pantanoso*[78]. La ciencia no es el ámbito de la certeza, ni tampoco el ámbito de lo empírico «objetivo» *sin* pasar por la carga de teoría de la base empírica[79]. Diversos científicos y filósofos de la ciencia siguen sin tomar conciencia del golpe mortal que esto significó para las pretensiones de absolutismo epistemológico del cientificismo, y pretenden volver a J. S. Mill[80]. Pero las objeciones de Popper dejaron huella, y sin él no habría podido existir el giro histórico de la filosofía de la ciencia, con Kuhn, Lakatos y Feyerabend[81], donde las ciencias vuelven a ser lo que siempre fueron: humanidades (lo cual pone en su lugar también a unas

---

[74] «La demarcación entre la ciencia y la metafísica», en *Conjeturas...* *Op. cit.*

[75] Popper obviamente criticaba las metafísicas de Hegel y Marx, en su clásico *Open Society*, 2, Princeton University Press, 1962.

[76] Corroborar es «no falsar», NO es «probar», en Popper.

[77] La falsación nunca es definitiva, como aclara en el prefacio a *Realismo y el objetivo de la ciencia*, Tecnos, Madrid, 1985.

[78] *La lógica de la investigación científica, Op. cit.*

[79] Cap. V de *Op. cit.*

[80] Es el «nuevo experimentalismo»: Hacking, Ian: *Representing and intervening*, Cambridge University Press, 1983; Mayo, D.G.: «The New Experimentalism, Topical Hypotheses, and Learning from Error»; PSA 1994, Vol. 1, pp. 270-279; Ackermann, R.: «The New Experimentalism, Review Article», Brit. J. Phil. Sci. 40 (1989), 185-190.

[81] Kuhn, T.: *La estructura de las revoluciones científicas*; FCE, 1971; Lakatos, I.: *La metodología de los programas de investigación científica*; Alianza Ed., Madrid, 1989; Feyerabend, P.: *Tratado contra el método*; Tecnos, Madrid, 1981.

ciencias sociales convertidas en numeritos). La importancia de todo esto para la filosofía cristiana es que pone las cosas en su lugar, en un lugar esencial para las ciencias dialogantes con el cristianismo. Parafraseando a Kant, ahora sí la ley moral puede estar en mí, porque la ley moral es el verdadero ámbito de la certeza, mientras que el cielo estrellado puede estar sobre mí, porque los cielos estrellados *son sólo conjeturas* que no afectan al espíritu humano, necesitado de la certeza de saberse creado por Dios y en armonía moral con su prójimo. Parafraseando a Pascal, ahora sí la ignorancia de las cosas exteriores no será nunca un problema para la certeza de las cosas interiores, donde habita Dios.

Por todo esto es que Benedicto dice «…Las ciencias naturales comenzaban a reflexionar, cada vez más claramente, sobre su propio límite», límite del cual *también* tuvo que tomar conciencia la matemática, con el famoso teorema de Godel en 1934[82].

## 2.6. Iglesia y Estado, 2. La sana laicidad

A continuación introduce Benedicto una de sus tesis fundamentales, que toma de Pío XII[83] y este último, creemos, influenciado por León XIII[84] y la tradición tomista anterior. Se trata de la sana laicidad.

«… En el período entre las dos guerras mundiales, y más aún después de la mundial, Segunda Guerra Mundial, hombres de Estado católicos habían demostrado que puede existir

---

[82] Ver Nagel, E., y Newman, J.R.: *El teorema de Godel,* Tecnos, 1979.

[83] *Discorsi e Radiomessaggi di Sua Santità Pio XII,* XX, Ventesimo anno di Pontificato, 2 marzo − 9 ottobre 1958, https://w2.vatican.va/content/pius-xii/it/speeches/1958/documents/hf_p-xii_spe_19580323_marchigiani.html.

[84] *Inmortale dei,* punto n° 6.

un Estado moderno laico, que no es neutro con respecto a los valores, sino que vive tomando de las grandes fuentes éticas abiertas por el cristianismo».

Esto es, la distinción de esferas y competencias entre la Iglesia, por un lado, y las diversas manifestaciones históricas del poder político. Esto, como vimos, tuvo su origen en la misma noción de creación, que distinguió entre Dios y el hombre y, por ende, entre Dios y el poder del hombre, estrictamente limitado por la ley natural. En el caso de la Modernidad, esto se concretó, como vimos, en la *religiosidad pública no estatal* de los EEUU en su etapa fundacional, cuya idea en sí misma, más allá de las imperfecciones de esa concreción histórica, es que el Estado tiene que estar distinguido (no «separado» al modo de la separación hostil entre Iglesia y Estado) de la Iglesia, al mismo tiempo que recibe de la cultura judeocristiana las ideas fundamentales de la ley natural que debe impregnar su organización jurídica.

Por eso Benedicto, casi un año más tarde[85], distinguió entre laicismo, por un lado, y laicidad, por el otro. El laicismo es la separación hostil entre Iglesia y Estado, que en los últimos tiempos implica la «…exclusión de la religión y de sus símbolos de la vida pública mediante su confinamiento al ámbito privado y a la conciencia individual». Pero, cuidado, ello «… ha sucedido que al término «laicidad» se le ha atribuido una acepción ideológica opuesta a la que tenía en su origen».

Hay que volver a los orígenes, y por ello sigue diciendo: «…todos los creyentes, y de modo especial los creyentes en

---

[85] Discurso del Santo Padre Padre Benedicto XVI al 56 Congreso Nacional de la Unión de Juristas Católicos Italianos del Sábado 9 de Diciembre de 2006; https://www.vatican.va/content/benedict-xvi/es/speeches/2006/december/documents/hf_ben_xvi_spe_20061209_giuristi-cattolici.html

Cristo, tienen el deber de contribuir a elaborar un concepto de laicidad que, por una parte, reconozca a Dios y a su ley moral, a Cristo y a su Iglesia, el lugar que les corresponde en la vida humana, individual y social, y que, por otra, afirme y respete «la legítima autonomía de las realidades terrenas», entendiendo con esta expresión –como afirma el concilio Vaticano II– que «las cosas creadas y las sociedades mismas gozan de leyes y valores propios que el hombre ha de descubrir, aplicar y ordenar paulatinamente» (*Gaudium et spes*, 36)».

Y reafirma: «…Esta autonomía es una «exigencia legítima, que no sólo reclaman los hombres de nuestro tiempo, *sino que está también de acuerdo con la voluntad del Creador, pues, por la condición misma de la creación, todas las cosas están dotadas de firmeza, verdad y bondad propias y de un orden y leyes propias, que el hombre debe respetar reconociendo los métodos propios de cada ciencia o arte».* Por el contrario, si con la expresión «autonomía de las realidades terrenas» se quisiera entender que «las cosas creadas no dependen de Dios y que el hombre puede utilizarlas sin referirlas al Creador», entonces la falsedad de esta opinión sería evidente para quien cree en Dios y en su presencia trascendente en el mundo creado» (Las itálicas son nuestras).

Lo que está explicando Benedicto es algo muy tradicional en todo el pensamiento católico y especialmente en el pensamiento de santo Tomás, que ha llegado al Vaticano II con la cuestión de la legítima autonomía de lo natural, que es la autonomía de las causas segundas. Ellas dependen de Dios en su ser y en su hacer[86], pero en su ámbito son causas

---

[86] «En su ser»: *conservación*. «En su hacer»: *concurso*. Q. 104 y 105 de la Suma, respectivamente.

eficientes *principales,* no instrumentales. De lo contrario, todo el pensamiento católico habría derivado en una concepción del mundo, tanto en lo físico como en lo humano, donde todo es un títere de Dios, o donde matar es malo porque Dios lo ordena, pudiendo haber ordenado otra cosa. Pero no, matar está mal porque es contrario a la naturaleza humana, creada por Dios, por supuesanto A su vez, un tigre corre a la gacela no porque Dios lo esté manipulando como un títere, no porque la acción de Dios vaya directamente a las potencias operativas del tigre, sino porque este tiene una naturaleza propia de la cual emergen sus potencias en acto 1.º y en acto 2.º. De igual modo, el Estado tiene facultades de acción en su propio ámbito y no es un títere de la Iglesia ni una mera causa eficiente *instrumental* de la Iglesia. Eso es, como ya dijimos, lo que Maritain vio como «estado laico vitalmente cristiano»[87], y el escándalo que hicieron ciertos tradicionalistas ante ello[88] revela, o que Maritain no se explicó bien, o que ellos estaban aferrados a un esquema histórico opinable, como luego veremos.

Pero nada de esto significa que el Estado no deba recibir la influencia cultural del Cristianismo: «…Esta afirmación conciliar constituye la base doctrinal de la «sana laicidad», la cual implica que las realidades terrenas ciertamente gozan de una autonomía efectiva de la esfera eclesiástica, pero no del orden moral».

Y a continuación, la afirmación de la esencial opinabilidad de las opciones temporales concretas, tema que los que aún sueñan con el «partido católico» no terminan de asumir: «…a la Iglesia no compete indicar cuál ordenamiento político y so-

---

[87] *El hombre y el Estado, Op. cit.*
[88] Menvielle, J.: *De Lamennais a Maritain,* Theoría, Buenos Aires, 1967.

cial se debe preferir, sino que es el pueblo quien debe decidir libremente los modos mejores y más adecuados de organizar la vida política. Toda intervención directa de la Iglesia en este campo sería una injerencia indebida».

## 2.7. Las tres grandes preguntas del Vaticano II

A esta altura del discurso, Benedicto está en condiciones de recapitular todas las cuestiones planteadas en tres «grandes preguntas».

Uno: «...Ante todo, era necesario definir de modo nuevo la relación entre la fe y las ciencias modernas»;

Dos: «...En segundo lugar, había que definir de modo nuevo la relación entre la Iglesia y el Estado moderno»;

Tres: «...En tercer lugar, con eso estaba relacionado de modo más general el problema de la tolerancia religiosa».

En cierto modo, las tres preguntas corresponden a los tres grandes desarrollos de la Modernidad: la ciencia, una mayor autonomía del Estado en relación a la Iglesia y los derechos naturales, entre los cuales la libertad religiosa ocupa un papel primordial.

Pero al recapitular de este modo, Benedicto agrega más cosas.

La cuestión de la ciencia «...no sólo afectaba a las ciencias naturales, sino también a la ciencia histórica, porque, en cierta escuela, el método histórico-crítico reclamaba para sí la última palabra en la interpretación de la Biblia y, pretendiendo la plena exclusividad para su comprensión de las sagradas Escrituras, se oponía en puntos importantes a la interpretación que la fe de la Iglesia había elaborado».

Este tema atraviesa la labor de «Ratzinger el teólogo» de modo transversal a toda su obra[86]. Veremos que también lo trata en su discurso de Ratisbona. No es ahora el momento de recorrer el tema exhaustivamente, pero la cuestión llega a su momento culmen en sus estudios sobre Jesucristo[90].

Se trata de la famosa contraposición entre un análisis solamente histórico (con sus ciencias afines, antropología cultural, geografía, lingüística, etc.) sobre Jesucristo y la Fe en Jesucristo como Hijo de Dios, como si lo primero fuera contrapuesto al segundo. Autores como Reimarus, Lessing, Paulus, Schleimacher, Strauss, von Harnack, Renán, Loisy, Bultmann[91], con todas sus diferencias, representan ese análisis de Jesucristo desprendido de la Fe Católica. Ratzinger, como teólogo, estuvo siempre en desacuerdo con dicha visión. Los análisis científicos del período histórico de la primera venida de Cristo, así como los de su vida y obras, son concomitantes con la Fe, porque el Cristo de la Fe **es** el Cristo histórico. Sobresale en toda su obra su libro *Jesús de Nazaret*[92], cuyo prólogo está dedicado a esta cuestión. Allí dice, resueltamente: «...para la fe bíblica es fundamental referirse a hechos históricos reales. Ella no cuenta leyendas como símbolos de verdades que van más allá de la historia, sino que se basa en la historia ocurrida sobre la faz de esta tierra.»[93]

---

[89] Ver al respecto Gagliardi, M.: «Revelación y hermenéutica de la Biblia según J. Ratzinger», en *Ecclesia* 39 (2025), 63-75. Ver también Blanco Sarto, P.: «Biblia, Iglesia y teología según Joseph Ratzinger», en XXV Simposio Internacional de Teología: La Sagrada Escritura, Palabra Actual / coord. por Gonzalo Aranda Pérez, Juan Luis Caballero García, 2005, ISBN 8480810173, págs. 389-400

[90] *Jesus de Nazaret*, Planeta, Buenos Aires, 2007.

[91] Ver al respecto Ricciotti, G.: *Vida de Jesucristo*, Luis Miracle, Barcelona, 1944, punto 194.

[92] *Op. cit.*

[93] *Op. cit.Op. cit.*, p. 11.

## 2.7.1. La hermenéutica de la continuidad y la reforma

Pero es en este punto cuando Benedicto acelera a fondo con su hermenéutica del Vaticano II. La clave de la cuestión es que el Concilio, en cada uno de estos temas, ha afirmado una continuidad con lo esencial de la Fe, pero ha permitido reformas en lo contingente, esto es, con afirmaciones que tienen que ver con las nuevas circunstancias históricas, que no afectan a la Fe. En términos de Benedicto: «...Todos estos temas tienen un gran alcance –eran los grandes temas de la segunda parte del Concilio– y no nos es posible reflexionar más ampliamente sobre ellos en este contexto. Es claro que en todos estos sectores, que en su conjunto forman un único problema, podría emerger una cierta forma de discontinuidad y que, en cierto sentido, de hecho se había manifestado una discontinuidad, en la cual, sin embargo, hechas las debidas distinciones entre las situaciones históricas concretas y sus exigencias, resultaba que no se había abandonado la continuidad en los principios; este hecho fácilmente escapa a la primera percepción». Y por ende: «...antes que las decisiones de la Iglesia relativas a cosas contingentes –por ejemplo, ciertas formas concretas de liberalismo o de interpretación liberal de la Biblia– necesariamente debían ser contingentes también ellas, precisamente porque se referían a una realidad determinada en sí misma mudable. Era necesario aprender a reconocer que, en esas decisiones, sólo los principios expresan el aspecto duradero, permaneciendo en el fondo y motivando la decisión desde dentro» (las negritas son nuestras).

O sea: «...no son igualmente permanentes las formas concretas, que dependen de la situación histórica y, por tanto, pueden sufrir cambios. Así, las decisiones de fondo pueden seguir siendo válidas, mientras que las formas de su aplicación a contextos nuevos pueden cambiar» (idem). En el tema de las ciencias ya lo hemos visto. Si bien la Iglesia siempre reaccionará contra una concepción positivista del mundo, donde la ciencia se concibe como lo único racional en contraposición con una Fe supuestamente irracional, sin embargo, hemos visto que la ciencia, en tanto tal, no sólo es un fruto de la revelación Judeo-Cristiana sino que, además, la ciencia en el s. XX ha alcanzado, de la mano de eminentes filósofos de la ciencia, una mayor conciencia de sus límites y ello encaja perfecto con lo que el Concilio llamó la legítima autonomía de lo natural.

En el caso de Iglesia, estado y libertad religiosa, todo lo visto hasta ahora tiene todo que ver con que «…hechas las debidas distinciones entre las situaciones históricas concretas y sus exigencias, resultaba que no se había abandonado la continuidad en los principios».

Esto es: ya hemos visto que el enfrentamiento de la Iglesia en el s. XIX con el Estado «iluminista-constructivista» (constructivista en términos de Hayek) *no implicaba que por eso mismo se estuviera condenando a la sana laicidad y-o al Estado de Derecho*, y fueron las nuevas circunstancias históricas (esto es, la reconstrucción europea de la post-guerra, sobre la base de repúblicas con Estado Liberal de Derecho[94]) las que movieron al Magisterio a aclarar explícitamente la distinción, de la mano del Magisterio de Pío XII, Juan XIII y el Concilio Vaticano II. Para decirlo más claramente: la condena de Pío IX al constructivismo de lo que él llamó «mundo moderno» se mantiene siempre a nivel de principios, los que NO cambian

---

[94] Ver al respecto *Estado Liberal de Derecho y Laicidad*, comentarios a algunas de las intervenciones más audaces de Benedicto XVI, VVAA; Instituto Acton, Buenos Aires, 2013.

porque Pío XII, Juan XXIII y el Vaticano II tuvieran que acompañar históricamente al Estado de Derecho y a la sana laicidad, desentrañando otro sentido de «modernidad», ya sea para adelante (la Europa de la post-guerra, aunque su Estado de Derecho, hoy, se haya perdido) o los EEUU fundacional con Benedicto XVI, y, para permanente sorpresa de muchos, con León XIII y su ignorada carta *Longincua oceani*[95].

Pero a continuación, Benedicto da un «ejemplito» que agrega conceptualmente cuestiones importantes sobre la «reforma en lo contingente».

«...Por ejemplo, si la libertad de religión se considera como expresión de la incapacidad del hombre de encontrar la verdad y, por consiguiente, se transforma en canonización del relativismo, entonces pasa impropiamente de necesidad social e histórica al nivel metafísico, y así se la priva de su verdadero sentido, con la consecuencia de que no la puede aceptar quien cree que el hombre es capaz de conocer la verdad de Dios y está vinculado a ese conocimiento basándose en la dignidad interior de la verdad».

Como todos saben, el tema del derecho a la libertad religiosa fue uno de los más discutidos en el momento, en el tema del Vaticano II, y es uno de los temas donde más se reclama, *a favor o en contra*, una discontinuidad *en los principios*. La literatura secundaria es infinita[96] y el debate no se ha terminado de solucionar.

Benedicto lo intenta. «... si la libertad de religión se considera como expresión de la incapacidad del hombre de encontrar

---

95 http://w2.vatican.va/content/leo-xiii/la/encyclicals/documents/hf_l-xiii_enc_06011895_longinqua.html.

96 Mario Silar ha tratado de reseñarla en *Estado Liberal de Derecho y Laicidad, Op. cit.*

la verdad y, por consiguiente, se transforma en canonización del relativismo, entonces…». Entonces estuvo bien rechazada en su momento por el Magisterio y los principios permanecen. Pero…«… Por el contrario, algo totalmente diferente es considerar la libertad de religión como una necesidad que deriva de la convivencia humana, más aún, como una consecuencia intrínseca de la verdad que no se puede imponer desde fuera, sino que el hombre la debe hacer suya sólo mediante un proceso de convicción».

O sea, entendida la libertad religiosa como derecho a la ausencia de coacción sobre la conciencia, entonces es correcta y los principios permanecen igual porque siempre la Iglesia ha defendido la libertad del acto de fe.

Pero entonces, ¿qué cambia «en lo contingente»? Benedicto responde con la Iglesia antigua: «…El concilio Vaticano II, reconociendo y haciendo suyo, con el decreto sobre la libertad religiosa, un principio esencial del Estado moderno, recogió de nuevo el patrimonio más profundo de la Iglesia. Esta puede ser consciente de que con ello se encuentra en plena sintonía con la enseñanza de Jesús mismo (cf. *Mt* 22, 21), así como con la Iglesia de los mártires, con los mártires de todos los tiempos. La Iglesia antigua, con naturalidad, oraba por los emperadores y por los responsables políticos, considerando esto como un deber suyo (cf. *1 Tm* 2, 2); pero, en cambio, a la vez que oraba por los emperadores, se negaba a adorarlos, y así rechazaba claramente la religión del Estado. Los mártires de la Iglesia primitiva murieron por su fe en el Dios que se había revelado en Jesucristo, y precisamente así murieron también por la libertad de conciencia y por la libertad de profesar la propia fe, una profesión que ningún Estado puede imponer, sino que sólo puede hacerse propia con la gracia de Dios, en libertad de conciencia».

O sea, el Vaticano II recogió una tradición *anterior* al Edicto de Constantino, donde comienza una relación *especial* entre Iglesia y poder político: esa tradición anterior era una Iglesia que reclamaba el derecho a la libertad de conciencia sin ninguna otra unión con el Imperio más que reclamar que el Imperio reconociera ese derecho lo cual, como sabemos, hubiera implicado que el Imperio hubiera dejado de ser tal para pasar a una relación de laicidad como en los EEUU; pero parece que en el s. III las condiciones culturales no estaban dadas para convertirse en 1776.

O sea, lo que ha cambiado es que la Iglesia ha reconocido una tradición propia de ella, de sus tres primeros siglos, *y ahora*, en estas circunstancias históricas, las de la revolución norteamericana y la de la Europa de la post-guerra, se llama derecho a la libertad religiosa (declaración que no de casualidad, en sus puntos 10, 11, 12 y 13 recoge toda esa tradición[97]).

Pero hay otra cosa que ha cambiado. Benedicto nunca trata el tema de la famosa distinción entre tesis e hipótesis entre Iglesia y Estado. Se ve que, con su propia concepción sobre la Iglesia antigua, la pasa por encima. Sin embargo, yo voy a referirme al tema en honor a lo que preocupa a muchos tradicionalistas.

### 2.7.1. a) Iglesia y Estado, 3: la confesionalidad formal y la libertad religiosa

Un tema del cual ya casi no se habla —Benedicto tampoco— es la distinción tesis/hipótesis en las relaciones Iglesia-Estado, elaborada por León XIII[98]. Ello fue un gran adelanto en su

---

[97] https://www.vatican.va/archive/hist_councils/ii_vatican_council/documents/vat-ii_decl_19651207_dignitatis-humanae_sp.html.

[98] Encíclicas *Inmortale dei* y *Libertas*.

momento, porque fue lo que le permitió a León XIII (junto con su otra gran distinción, entre régimen y legislación[99]) maniobrar en las agitadas aguas de la Europa iluminista de su momento. El margen de maniobra que Pío IX le había dejado era prácticamente nulo, pero León XIII había sido en su momento un perspicaz lector de Mons. Dupanloup, quien elaborara una interpretación «liberal» de la *Quanta cura*[100], y que recibiera una carta de aprobación del mismo Pío IX[101].

León XIII afirma que debe haber una relación entre Iglesia y Estado donde este último haga confesión pública de la Fe Católica. Pero ello era compatible con la tolerancia, como mal menor y por motivos de bien común, de una separación neutral (no hostil) entre Estado e Iglesia, donde esta última gozara de una justa libertad. Lo primero se acepta «en tesis»; lo segundo, «en hipótesis».

Pues bien, el asunto es que todos los tradicionalistas, al estilo de Mons. Lefebvre ha sostenido que el derecho a la libertad religiosa, tal cual lo afirma el Vaticano II, es aceptable «en hipótesis», pero no «en tesis». En tesis, los Estados no deben afirmar ese derecho como tal, sino, en todo caso, adoptar normas prudenciales de tolerancia según sea el caso concreto. En los Estados Pontificios que gobernó Pío IX hasta Garibaldi, los extranjeros no católicos eran bienvenidos, se les permitía la celebración privada de su culto (sobre todo a protestantes, anglicanos y judíos), pero no podían ser «ciudadanos». Cuando el derecho a la libertad religiosa proclamado

---

[99] *Nobillisima Gallorum gens.*

[100] Dupanloup, F.: *La Convention Du 15 Septembre Et L'Encyclique Du 8 Decembre*; Charles Douniol, 1865.

[101] Ver al respecto Aubert, R., «Monseigneur Dupanloup et le Syllabus», *Revue d'histoire ecclésiastique*, Vol. LI, 1956, en http://www.worldcat.org/title/monseigneur-dupanloup-et-le-syllabus/ oclc/758712684.

por el Vaticano II dice «...*y en público*»[102], ello lo convierte en contradictorio con esta doctrina tradicional. El discurso de Pío XII de 1954, sobre la tolerancia[103], está afirmado ya en el contexto de la Europa de la postguerra, y por ende era compatible con el derecho a la libertad religiosa afirmado por esos Estados, pero, dirían los tradicionalistas, «en hipótesis» pues de hecho y de derecho era también compatible con el régimen franquista (y verdaderamente era compatible).

Por lo tanto, si la doctrina de la confesionalidad formal fuera dogma de fe, el documento del Vaticano II tendría una discontinuidad doctrinal en lo esencial. Frente a esto, dos comentarios. Uno, habría que ver si la confesionalidad formal es incompatible *en sí misma* con la libertad religiosa como la afirma el Vaticano II. Este último dice «....dentro de los límites debidos»[104], y, además, «...Si, consideradas las circunstancias peculiares de los pueblos, se da a una comunidad religiosa un especial reconocimiento civil en la ordenación jurídica de la sociedad, es necesario que a la vez se reconozca y respete el derecho a la libertad en materia religiosa a todos los ciudadanos y comunidades religiosas»[105]. Ello parece compatible con la cierta confesio-

---

[102]   «...Este Concilio Vaticano declara que la persona humana tiene derecho a la libertad religiosa. Esta libertad consiste en que todos los hombres han de estar inmunes de coacción, tanto por parte de individuos como de grupos sociales y de cualquier potestad humana, y esto de tal manera que, en materia religiosa, ni se obligue a nadie a obrar contra su conciencia, ni se le impida que actúe conforme a ella en privado *y en público*, sólo o asociado con otros, dentro de los límites debidos.» (Las itálicas son nuestras).
[103]   *Comunidad internacional y tolerancia*, 6-12-53. Ver *Doctrina Pontificia, op. cit.Op. cit*. Original italiano en http://w2.vatican.va/content/pius-xii/it/ speeches/1953/documents/hf_p-xii_spe_19531206_giuristi-cattolici.html.
[104]   *Dignitatis humanae, Op. cit*.
[105]   *Op. cit*., nro. 6

nalidad formal. Además, el Catecismo de la Iglesia Católica, de 1992, parece adaptarse también a esa confesionalidad formal[106], aunque también podría interpretarse como lo que Amadeo de Fuenmayor llama confesionalidad sustancial[107]. Si esto es así, entonces definitivamente lo afirmado por el Vaticano II en tanto a la libertad religiosa no es contradictorio con el magisterio anterior.

Pero el segundo comentario es que las cosas no son tan fáciles. Aún en ese caso, el derecho a la libertad religiosa corta con algo que era básico en los Estados pontificios: bautismo y ciudadanía se igualaban en tanto que para ser ciudadano con plenos derechos había que ser católico. Y, definitivamente, el derecho a la libertad religiosa no es compatible con ello[108].

Se habrá observado que hace poco dijimos: «…O sea, el Vaticano II recogió una tradición *anterior* al Edicto de Constantino, donde comienza una relación *especial* entre Iglesia y poder político…».

¿Cuál era esa relación «especial»? No precisamente la fusión ontológica entre Iglesia y poder político, sino una relación «clerical» donde la legitimidad del poder político dependía de un acto de legitimación de la Iglesia. Por eso Mariano Fazio llama «desclericalización» a los avances que en su momento hace Francisco de Vitoria[109], cuando reconoce, sobre la base de santo Tomás, precisamente que los reinos precolombinos podían ser «buenos» aunque no fueran «católicos».

La Europa Cristiana Medieval mantiene claramente una distinción ontológica entre Iglesia y poder político, pero el

---

[106] Ver nros. 2104 al 2109.
[107] Fuenmayor, A. de: *La libertad religiosa*, Pamplona, Eunsa, 1974.
[108] Ver Rhonheimer, M.: *Cristianismo y laicidad*, Rialp, Madrid, 2009.
[109] Fazio, M.: *Francisco de Vitoria, Cristianismo y Modernidad*, Ediciones Ciudad Argentina, Buenos Aires, 1998.

Emperador debía ser legitimado por el Pontífice. Después de la lamentable separación entre católicos y protestantes, las monarquías absolutas adoptan el lema «*cuius regio, eius religio*», con el cual el sistema sigue siendo «clerical».

Como vimos, la des-claricalización llega conceptualmente, en armonía con la Fe, con la sana laicidad defendida por Benedicto XVI. Históricamente, llega de hecho con la separación neutral entre Estado e Iglesia en los EE. EE.UU. y de manera hostil con los imperios napoleónicos e imitadores diversos. Hemos visto que la primera es la sana laicidad y lo segundo, laicismo.

Pero me parece que Pío IX, y aún León XIII cuando habla «en tesis», están uniendo la confesionalidad formal *en sí misma* con una larga circunstancia histórica: la legitimad del Estado a partir del reconocimiento eclesial y la referida unión entre la ciudadanía y el bautismo en los Estados Pontificios.

Y es esa circunstancia histórica la que es contingente en relación a la Fe. No puede ser, me atrevo a decir, dogma de fe, aunque el tono y el estilo de Gregorio XVI y de Pío IX parecían ser eso o aunque esa haya sido su *intentio auctoris*.

Este es el punto clave que quería hacer, porque esta es una verdadera discontinuidad en lo contingente y continuidad en lo esencial. Como vimos, ni el Vaticano II ni el Catecismo de 1992 son contrarios a una confesionalidad formal entendida en sí misma como un reconocimiento jurídico especial a la Fe, sin por ello negar el derecho a la libertad religiosa. Eso es continuidad en lo esencial. Pero cortan con el esquema histórico de la Cristiandad medieval y de los Estados Pontificios. *Y ello es la reforma en lo contingente.*

Vuelvo a reiterar, esta es mi solución al tema. La de Benedicto fue retornar a la Iglesia antigua como una *tradición anterior a la tradición* citada por muchos.

## 2.8. El mismo Benedicto XVI explica los límites de lo que el Vaticano II podía hacer

Pero cuando Benedicto hace todas estas distinciones, es el año 2005. Sabe que el drama del cisma con los seguidores de Lefebvre no se ha solucionado (aunque él hace durante su pontificado sus mejores esfuerzos, que quedan en nada a partir del 2013), y sabe también que, para el otro lado, los amigos a quienes él se refiere en *Informe sobre la Fe (Op. cit.)* se habían ido hacia una izquierda de dis-continuidad en lo esencial, a un «espíritu del Concilio» casi post-moderno que había reaccionado fuertemente contra la declaración *Dominus iesus*[110].

Por eso, hacia el final de este discurso deja de lado toda posibilidad de que se lo interprete de modo triunfalista. «… Quienes esperaban que con este «sí» fundamental a la edad moderna todas las tensiones desaparecerían y la «apertura al mundo» así realizada lo transformaría todo en pura armonía, habían subestimado las tensiones interiores y también las contradicciones de la misma edad moderna; habían subestimado la peligrosa fragilidad de la naturaleza humana, que en todos los períodos de la historia y en toda situación histórica es una amenaza para el camino del hombre».

Y continúa: «…Estos peligros, con las nuevas posibilidades y con el nuevo poder del hombre sobre la materia y sobre sí mismo, no han desaparecido; al contrario, asumen nuevas dimensiones: una mirada a la historia actual lo demuestra claramente. También en nuestro tiempo la Iglesia sigue sien-

---

[110] https://www.vatican.va/roman_curia/congregations/cfaith/documents/rc_con_cfaith_doc_20000806_dominus-iesus_sp.html, 6 de Agosto del 2000.

do un «signo de contradicción» (*Lc* 2, 34). No sin motivo el
Papa Juan Pablo II, siendo aún cardenal, puso este título a
los ejercicios espirituales que predicó en 1976 al Papa Pablo
VI y a la Curia romana»
Pero concluye esta advertencia de un modo peculiar: «...
El paso dado por el Concilio hacia la edad moderna, que de
un modo muy impreciso se ha presentado como «apertura al
mundo», pertenece en último término al problema perenne
de la relación entre la fe y la razón, que se vuelve a presentar
de formas siempre nuevas».
O sea, todo el Vaticano II implica una nueva circunstancia
del permanente diálogo entre razón y fe. El mundo moderno
acompañado por el Concilio ya no puede ser, como vimos, el
iluminismo racionalista. Pero la respuesta a ese racionalismo
no podía ser el fideísmo, y menos aún un postmodernismo
que desconfiara de toda razón. Benedicto va a concluir este
discurso con el otro gran lema de su pontificado, tan lejano
a tantos católicos que viven (edificando sobre arena) sobre
meros sentimientos: la íntima relación entre la razón y la fe.

## 2.9. Tres etapas del diálogo entre razón y fe

Benedicto recuerda tres etapas en ese diálogo:
«.... San   Pedro, en su primera carta, exhortó a los cristianos a estar siempre dispuestos a dar respuesta (apología) a
quien le pidiera el *logos* (la razón) de su fe (cf. *1 P* 3, 15).
Esto significaba que la fe bíblica debía entrar en discusión
y en relación con la cultura griega y aprender a reconocer
mediante la interpretación la línea de distinción, pero también el contacto y la afinidad entre ellos en la única razón
dada por Dios».

Esto es, la fe siempre puede dar «razón de sí misma». La fe no es un salto al vacío, no es un «porque sí». Hay razones para la fe. Y eso significa apologética: defender la fe de la acusación de absurdo. La fe supera a la razón en tanto que implica un asentimiento a la revelación *no* evidente que viene de Dios. Es un don, una virtud sobrenatural. Pero el mensaje de la fe no es contradictorio. Se basa en la coherencia de las Escrituras y en el testimonio vivo de los apóstoles que supieron interpretar «la lógica de Jesús». Por eso los primeros Padres de la Iglesia, toda la Patrística, elevaron a la razón griega a un nivel que ella misma no había sospechado[111]. Usaron lo mejor de la metafísica griega para defender los misterios de la Fe de la acusación de irracionalidad. Al hacerlo, no rebajaron la Fe a la sola razón, sino que elevaron a esa razón a su máxima potencialidad, como siempre sucede cuando lo sobrenatural cura a la naturaleza.

Eso llega a su culmen en el apogeo de la escolástica: «... Cuando, en el siglo XIII, mediante filósofos judíos y árabes, el pensamiento aristotélico entró en contacto con la cristiandad medieval formada en la tradición platónica, y la fe y la razón corrían el peligro de entrar en una contradicción inconciliable, fue sobre todo santo Tomás de Aquino quien medió el nuevo encuentro entre la fe y la filosofía aristotélica, poniendo así la fe en una relación positiva con la forma de razón dominante en su tiempo».

Se refiere Benedicto al milagro del aristotelismo cristiano medieval[112]. El Aristóteles interpretado por Averroes no era compatible con la fe católica. Afirmaba la eternidad del mundo y negaba la existencia de un alma singular e inmortal. Pero san Alberto Magno supo ver otro Aristóteles, y su gran discípulo,

---

[111] Ver Gilson, E.: *La filosofía en la Edad Media*, Gredos, Madrid, 1976.
[112] *Op. cit.*

santo Tomás de Aquino, estudió e interpretó nuevamente toda
la obra aristotélica, ahora traducida directamente del griego
al latín por Guillermo de Moerbeke. De ese modo, nociones
metafísicas profundísimas como acto, potencia, esencia, accidente, analogía, causalidad en el ser, etc., fueron incorporadas
a la concepción cristiana del mundo para defender *la intrínseca
no contradicción* de una sola naturaleza y tres Personas, y una
sola Persona y dos naturalezas. Y ya veremos de qué modo
Benedicto XVI aclara en Ratisbona, al año siguiente, que nada
de ello significó la «helenización del Cristianismo».

Luego, en pleno siglo XVI, «… La ardua disputa entre la
razón moderna y la fe cristiana que en un primer momento,
con el proceso a Galileo, había comenzado de modo negativo, ciertamente atravesó muchas fases, pero con el Concilio
Vaticano II llegó la hora en que se requería una profunda
reflexión. Desde luego, en los textos conciliares su contenido
sólo está trazado en grandes líneas, pero así se determinó la
dirección esencial, de forma que el diálogo entre la razón
y la fe, hoy particularmente importante, ha encontrado su
orientación sobre la base del Vaticano II».

O sea que ese inicial conflicto, cuyos malentendidos ya
hemos explicado, implicó un desarrollo en el cual, primero, el
neopitagorismo cristiano medieval es el verdadero motor de la
nueva ciencia. En el s. XIX, la secularización de la ciencia (el
«laicismo» en la ciencia) produjo conflictos aparentes con los
nuevos avances (sobre todo, el evolucionismo y los avances
de la neurociencia) hasta que finalmente, de la mano de lo
mejor de la tradición tomista[113], el Vaticano II pudo afirmar

---

[113]  Nos referimos al aristotelismo tomista según el cual el gobierno
legítimo tiene como fin el bien común *temporal* sin que esa temporalidad
sea borrada por el poder eclesial.

resueltamente la autonomía relativa de lo natural, en las ciencias naturales, y la autonomía relativa de lo temporal, en las ciencias sociales y en lo político.

Y finalmente, «ahora», en el 2005, Benedicto reflexiona retrospectivamente: «…Ahora, este diálogo se debe desarrollar con gran apertura mental, pero también con la claridad en el discernimiento de espíritus que el mundo, con razón, espera de nosotros precisamente en este momento». Un ahora que sigue en permanente desarrollo, ahora más que nunca en un momento en el que debemos aclarar que el ser humano no es sólo su cerebro[114], que la inteligencia artificial es una gran ayuda, pero que no es la inteligencia humana, y que la esencia humana siempre deberá ser respetada ante los avances del transhumanismo.

Concluye Benedicto con esperanza: «… Así hoy podemos volver con gratitud nuestra mirada al concilio Vaticano II: si lo leemos y acogemos guiados por una hermenéutica correcta, puede ser y llegar a ser cada vez más una gran fuerza para la renovación siempre necesaria de la Iglesia».

Esa hermenéutica correcta no debe morir con él. Pertenece a la esencia misma del Vaticano II, es su «cosa del texto»[115], y todo lo que lo saque de la tradición de la Iglesia es una «decodificación aberrante»[116].

Y eso fue sólo el comienzo. Le esperaban a Benedicto ocho años más de fructífero magisterio.

---

[114] Ver al respecto Sanguineti, J.J.: *Filosofía de la mente*, Palabra, Madrid, 2007.

[115] Ricoeur, P. *Del texto a la acción, ensayos sobre hermenéutica II*. México: Fondo de Cultura Económica, 2000.

[116] Eco, U.. *Los límites de la interpretación*. Barcelona: Lumen, 1998.

# CAPÍTULO II

# EL DISCURSO DE RATISBONA[117]

## 1. Introducción

El discurso de Ratisbona es un buen ejemplo de «...y los suyos no lo recibieron». Será siempre un motivo de profunda vergüenza para el elemento humano de la Iglesia que tantos católicos no hayan leído ni entendido nunca una sola palabra de este denso discurso, pero de lo único que se acuerden sea de las terribles recriminaciones que en su momento se hicieron a Benedicto simplemente por defender la libertad del acto de fe defendida en 1391 por el emperador bizantino Manuel II Peleólogo, contra la violencia que algunos creían ver en el Islam. Y a partir de allí, toda la explicación de lo que significa el logos en contraposición con la violencia, la relación de la fe y la razón y las aclaraciones sobre una supuesta helenización del cristianismo. Toda una fina pieza de relojería sobre la síntesis entre la razón y la Fe Católica, tirada por la borda por cientos de ruidosos católicos que

---

[117] Discurso del Santo Padre en la Universidad de Ratisbona, Martes 12 de Septiembre de 2006. Estamos utilizando la versión de vatican.va: https://www.vatican.va/content/benedict-xvi/es/speeches/2006/september/documents/hf_ben-xvi_spe_20060912_university-regensburg.html

no supieron ver en un pontífice más que un ministro de relaciones exteriores, que era en realidad un pastor, un maestro de Teología, que ninguna obligación diplomática tenía ante quienes estaban aterrorizados de que islámicos radicales se ofendieran. Y menos aún quien ha defendido siempre la Declaración *Nostra aetate* [118], que en su punto 3 había establecido claramente que «…La Iglesia mira también con aprecio a los musulmanes que adoran al único Dios, viviente y subsistente, misericordioso y todopoderoso, Creador del cielo y de la tierra, que habló a los hombres, a cuyos ocultos designios procuran someterse con toda el alma como se sometió a Dios Abraham, a quien la fe islámica mira con complacencia. Veneran a Jesús como profeta, aunque no lo reconocen como Dios; honran a María, su Madre virginal, y a veces también la invocan devotamente. Esperan, además, el día del juicio, cuando Dios remunerará a todos los hombres resucitados. Por ello, aprecian además el día del juicio, cuando Dios remunerará a todos los hombres resucitados. Por tanto, aprecian la vida moral y honran a Dios sobre todo con la oración, las limosnas y el ayuno. Si en el transcurso de los siglos surgieron no pocas desavenencias y enemistades entre cristianos y musulmanes, el Sagrado Concilio exhorta a todos a que, olvidando lo pasado, procuren y promuevan unidos la justicia social, los bienes morales, la paz y la libertad para todos los hombres»

Nuestra labor será rescatar a este discurso del injusto olvido, del injusto escándalo, y colocarlo a la altura de una enseñanza perenne que jamás debe ser olvidada por ningún

---

[118] https://www.vatican.va/archive/hist_councils/ii_vatican_council/documents/vat-ii_decl_19651028_nostra-aetate_sp.html

católico ni por ninguna persona de buena voluntad que quiera entender, con el corazón dispuesto, qué es el Catolicismo.

## 2. El logos contra la violencia

Comienza Benedicto recordando sus años como profesor, en Freising, y luego en Bonn, desde 1959, y cómo todos sus profesores, ya sean historiadores, filólogos, filósofos y teólogos, trabajaban unidos, de forma conjunta, confiando en la razón humana al servicio de la fe. En sus palabras, «... la experiencia de que, no obstante todas las especializaciones que a veces nos impiden comunicarnos entre nosotros, formamos un todo y trabajamos en el todo de la única razón con sus diferentes dimensiones, colaborando así también en la común responsabilidad respecto al recto uso de la razón: era algo que se experimentaba vivamente.»

Es allí cuando Benedicto recuerda el diálogo entre Manuel II Peleólogo y un persa culto de la época sobre el Islam. «... Recordé todo esto recientemente cuando leí la parte, publicada por el profesor Theodore Khoury (Münster), del diálogo que el docto emperador bizantino Manuel II Paleólogo, tal vez en los cuarteles de invierno del año 1391 en Ankara, mantuvo con un persa culto sobre el cristianismo y el islam, y sobre la verdad de ambos».

«...En el séptimo coloquio —sigue explicando Benedicto— (διάλεξις, controversia), editado por el profesor Khoury, el emperador toca el tema de la yihad, la guerra santa».

«Con una brusquedad que nos sorprende», dice Benedicto, reconociendo que no eran nuestros actuales juegos de lenguaje, más cuidadosos, «... se dirige a su interlocutor llanamente con la pregunta central sobre la relación entre religión y violencia en general, diciendo: «Muéstrame también lo que Mahoma ha traído de nuevo, y encontrarás solamente cosas malas e inhumanas, como su disposición de difundir por medio de la espada la fe que predicaba»[119].

Es ahí donde Benedicto encuentra la oportunidad de volver con algo fundamental, tan caro a este pontífice, defensor eximio del derecho a la libertad religiosa: «...El emperador, después de pronunciarse de un modo tan duro, explica luego minuciosamente las razones por las cuales la difusión de la fe mediante la violencia es algo insensato. La violencia está en contraste con la naturaleza de Dios y la naturaleza del alma. *«Dios no se complace con la sangre —dice—; no actuar según la razón (συν λόγω) es contrario a la naturaleza de Dios.* La fe es fruto del alma, no del cuerpo. Por tanto, *quien quiere llevar a otra persona a la fe necesita la capacidad de hablar bien y de razonar correctamente, y no recurrir a la violencia ni a las amenazas...* Para convencer a un alma racional no hay que recurrir al propio brazo ni a instrumentos contundentes ni a ningún otro medio con el que se pueda amenazar de muerte a una persona». (Las itálicas son nuestras).

La verdad no se impone por la fuerza; se propone y tiene su sola defensa en la argumentación racional. La violencia es contraria a la naturaleza humana, porque es contraria a la naturaleza de la inteligencia y a la naturaleza de la verdad.

---

[119] Cuando, posteriormente al injusto escándalo, Benedicto XVI hace las notas a pie de su discurso, escribe a continuación de esta cita como nota al pie 3: «...Lamentablemente, esta cita ha sido considerada en el mundo musulmán como expresión de mi posición personal, suscitando así una comprensible indignación. Espero que el lector de mi texto comprenda inmediatamente que esta frase no expresa mi valoración personal con respecto al Corán, hacia el cual siento el respeto que se debe al libro sagrado de una gran religión. Al citar el texto del emperador Manuel II sólo quería poner de relieve la relación esencial que existe entre la fe y la razón. En este punto estoy de acuerdo con Manuel II, pero sin hacer mía su polémica».

Contraria a la inteligencia, que tiene que ver libremente para entender; contraria a la verdad, que demanda un «sí» que sólo puede venir de un momento de distancia crítica donde la libertad interior pueda tomarse el tiempo existencial necesario para pensar[120]. Y eso, dicho desde la síntesis razón-fe del Cristianismo, que evoluciona necesariamente hacia la libertad religiosa entendida de ese modo. Cosa que no sólo no vieron y no ven los islámicos que recurren a la violencia, sino tampoco los cristianos que haciendo una incoherente unión con la lucha de clases acabaron apoyando revoluciones violentas totalmente contrarias al cristianismo[121]. Pero he aquí un punto que de ningún modo se le escapó a nuestro agudo Benedicto. Actuar de manera contraria a la razón es actuar de modo contrario a Dios mismo. «...*no actuar según la razón es contrario a la naturaleza de Dios*». Una afirmación audaz que no todos van a aceptar. ¿Se está reduciendo a Dios

---

[120] Hemos tratado este tema en Zanotti, G.: «Hacia una nueva sistematización de las características del lenguaje dialógico/comunicativo», en *Austral Comunicación*, Vol. 3, Nro. 2 (Diciembre de 2014, publicado Mayo 2015), pp. 243-254.

[121] Ver al respecto una de las más valientes e importantes colaboraciones de Ratzinger al mundo actual, la famosa *Libertatis nuntius*, contra la teología marxista de la liberación, del 6 de Agosto de 1984: https://www.vatican.va/roman_curia/congregations/cfaith/documents/rc_con_cfaith_doc_19840806_theology-liberation_sp.html «... Millones de nuestros contemporáneos aspiran legítimamente a recuperar las libertades fundamentales de las que han sido privados por regímenes totalitarios y ateos que se han apoderado del poder por caminos revolucionarios y violentos, precisamente en nombre de la liberación del pueblo. No se puede ignorar esta vergüenza de nuestro tiempo: pretendiendo aportar la libertad se mantiene a naciones enteras en condiciones de esclavitud indignas del hombre. Quienes se vuelven cómplices de semejantes esclavitudes, tal vez inconscientemente, traicionan a los pobres que intentan servir.» (XI, 6). Ahí se ve claramente por qué muchos de «los suyos» no lo recibieron....

a la humana razón? ¿No estaría Dios por encima de humanas categorías racionales? La voluntad de Dios, para otros, «...no está vinculada a ninguna de nuestras categorías, ni siquiera a la de la racionabilidad. En este contexto, Khoury cita una obra del conocido islamista francés R. Arnaldez, quien observa que Ibn Hazm llega a decir que Dios no estaría vinculado ni siquiera por su propia palabra y que nada le obligaría a revelarnos la verdad. Si él quisiera, el hombre debería practicar incluso la idolatría».

### 3. La síntesis entre razón y fe

Ese es el dilema que hay que resolver. La síntesis entre la razón y la Fe, ¿no sería una síntesis entre una forma humana de razón, la griega, y Dios, al cual estaríamos reduciendo a nuestras categorías? «...La convicción de que actuar contra la razón —se pregunta hipotéticamente Benedicto— está en contradicción con la naturaleza de Dios, ¿es solamente un pensamiento griego o vale siempre y por sí mismo?»

Para responder a esta pregunta, Benedicto despliega tres temas.

Uno: en el principio era el Verbo, el Logos. La razón humana es participación en el Logos Divino que se identifica con el mismo Dios. «...Pienso que en este punto se manifiesta la profunda consonancia entre lo griego en su mejor sentido y lo que es fe en Dios según la Biblia. Modificando el primer versículo del libro del Génesis, el primer versículo de toda la sagrada Escritura, san Juan comienza el prólogo de su Evangelio con las palabras: «En el principio ya existía el Logos[6]». esta Esta es exactamente la palabra que usa el emperador: Dios actúa «συν λόγω», con *logos*. *Logos* significa tanto razón como palabra, una razón que es creadora y capaz de comunicarse, pero precisamente como razón». Dos: en la famosa respuesta a Moisés, el Logos aparece nuevamente, en el «Soy»: «… En realidad, este acercamiento había comenzado desde hacía mucho tiempo. Ya el nombre misterioso de Dios pronunciado en la zarza ardiente, que distingue a este Dios del conjunto de las divinidades con múltiples nombres, y que afirma de él simplemente «Yo soy», su ser, es una contraposición al mito, que tiene una estrecha analogía con el intento de Sócrates de batir y superar el mito mismo» (Benedicto es consciente de las dificultades de interpretación del famosos «Yo Soy el que Soy» y por eso aclara en la nota 8: «…Para la interpretación ampliamente discutida del episodio de la zarza que ardía sin consumirse, quisiera remitir a mi libro *Einführung in das Christentum*, Munich 1968, pp. 84-102. Creo que las afirmaciones que hago en ese libro, no obstante el desarrollo ulterior de la discusión, siguen siendo válidas»[123].

---

[122] Cuidado con la traducción. Usar el verbo existir en este caso puede ser confuso. La versión española de Juan Straubinger dice «…En el principio el Verbo era, y el Verbo era junto a Dios, y el Verbo era Dios» (UCA, La Plata, 2009, p. 116 del Nuevo Testamento).

[123] No de casualidad Gustavo Gutiérrez, en su famoso libro *Teología de la liberación* (CEP, Lima, 1971) contrapone la interpretación clásica de Santo Tomás de «soy el que soy» como estática, a-histórica, «griega» (el tema de la helenización del Cristianismo, que ya veremos que es esencial en este discurso) a una dinámica, histórica, como «seré el que seré» (op.cit, p. 201). Al respecto es muy interesante señalar que las Sagradas Escrituras no pueden interpretarse analizando *solamente* la *intentio auctoris* del autor humano, inspirado por Dios, en su contexto histórico, *sin* remitir a lo que Ricoeur llama «la cosa del texto», el mundo del texto en sí mismo, que en este caso se da en la dinámica entre lo que Dios quiere revelar y lo que el pueblo de Dios, la Iglesia, interpreta (ver Ricoeur, P.: *Del texto a la acción*, FCE, 2000). Ese criterio dinámico es esencial al análisis escriturístico de Ratzinger, y Blanco Sarto, P., en el artículo citado, así lo explica: «…Ya unos años antes,

Tres: la palabra griega logos, totalmente clave en este contexto, no es casual, porque no fue casual la traducción griega de los 70: ello implicó ya el encuentro entre el Cristianismo y el pensamiento griego, y ese encuentro hereda la ilustración que fue en su momento (noes hemos referido ya a esta cuestión) la Revelación Divina a Israel, una revelación monoteísta, *y en ese sentido racional*, en medio de las demás civilizaciones antiguas mitológicas y politeístas: «…Juntamente con este nuevo conocimiento de Dios se da una especie de Ilustración, que se expresa drásticamente con la burla de las divinidades que no son sino obra de las manos del hombre (cf. *Sal* 115)». Pero ello implica al mismo tiempo ir al encuentro de las verdades más profundas alcanzadas por el pensamiento griego: «…De este modo, a pesar de toda la dureza del desacuerdo con los soberanos helenísticos, que querían obtener con la fuerza la adecuación al estilo de vida griego y a su culto idolátrico, la fe bíblica, durante la época helenística, salía desde sí misma al encuentro de lo mejor del pensamiento griego». «…Hoy sabemos —continúa— que la traducción griega del Antiguo

---

en una conferencia que tuvo lugar en París y Lyon en 1983, el presidente de la PCB había advertido sobre los peligros de un biblicismo unilateral en la predicación y la catequesis de la Iglesia. «En efecto, una catequesis que explicara la fe —por decirlo así— directamente a partir de la Biblia, sin pasar por el dogma, podría pretender ser una catequesis derivada directamente de las fuentes. Aparece entonces un fenómeno curioso. La impresión de frescura, provocada en un primer momento por el contacto directo con la Biblia, no es duradera» El texto necesita de un contexto, y el «qué se dice» de un «quién lo dice» para entenderlo en profundidad. Y en esta labor interpretativa, la simple lectura histórica se queda a medio camino. «Porque los documentos que se querían leer sin ningún otro intermediario que no fuera el pensamiento histórico, se alejaron por eso mismo en la distancia de lo histórico. Una exégesis en la que la Biblia no vive y no se comprende en y a partir del organismo vivo de la Iglesia, llega a convertirse en necrofilia: muertos que entierran a muertos». Los subrayados son nuestros.

Testamento —la de «los Setenta»—, que se hizo en Alejandría, es algo más que una simple traducción del texto hebreo (la cual tal vez podría juzgarse poco positivamente); en efecto, es en sí mismo un testimonio textual y un importante paso específico de la historia de la Revelación, en el cual se realizó este encuentro de un modo que tuvo un significado decisivo para el nacimiento y difusión del cristianismo». Con lo cual tienen plena coherencia las palabras de Manuel II el Paleólogo: «...En el fondo, se trata del encuentro entre fe y razón, entre auténtica ilustración y religión. Partiendo verdaderamente de la íntima naturaleza de la fe cristiana y, al mismo tiempo, de la naturaleza del pensamiento griego ya fusionado con la fe, Manuel II podía decir: «No actuar «con el *logos*» es contrario a la naturaleza de Dios».

En estos tres puntos, Benedicto se está refiriendo a un momento trascendental en la historia de toda la humanidad: el encuentro entre razón y Fe que hizo el Cristianismo, comenzando con toda la patrística, con «la razón», históricamente dada en lo mejor de Platón, Aristóteles, los estoicos y todos los filósofos griegos que, como diría santo Tomás, tardíamente, pocos y con mezcla de error, se acercaron (con mezcla de error) a verdades fundamentales como Dios, el alma y la libertad. Verdades que fueron plenamente reveladas por Dios, en una revelación que, por ende, no iba contra la razón humana que, como dijimos, es participación en la divina. Gracias a Gilsón[124], hoy sabemos lo que significó esa síntesis, verdadera *síntesis*, NO sincretismo, NO negociación, entre la razón y la fe, una verdadera fusión de horizontes, como explica Gadamer[125]. El encuentro del Cristianismo

---

[124] Op.cit, más *Elementos de filosofía cristiana*, Rialp, Madrid, 1981.
[125] En sus clásicos *Verdad y método*, I, y II; Sígueme, Salamanca, 1991/1992.

con la razón humana *no* significó (y esto es clave en este discurso) una *reducción* de la fe a categorías humanas históricas, culturalmente contingentes; *no* significó una helenización del Cristianismo, sino al contrario: *una elevación de la razón humana a su plenitud* y, por ende, una cristianización de lo helénico, pero no una mera cobertura, un mero maquillaje, un truco lingüístico. Al contrario: cuando la Gracia cura lo natural, no lo elimina, ni tampoco meramente lo cubre, sino que *lo eleva a su máxima potencialidad, permitiendo que lo natural despegue del suelo donde el pecado original lo tenía sumergido.* Cuando la Fe *cura* a la razón, la eleva a su máxima potencialidad. Como bien enseña Gilson[126], eso es lo que pasó con nociones tales como sustancia, accidente, acto, potencia, etc. Sin contradecir su mundo de vida originario, dichas nociones alcanzaron dimensiones de significado inimaginables para su contexto original, sin quitar por ello su contexto original. Cuando Aristóteles dice sustancia, se refiere a un animal o a una cosa que es en sí misma en contraposición a sus cualidades o sus cantidades que, como todos sabemos, «son en» y no «en sí» como «hipóstasis». Jamás hubiera imaginado Aristóteles que lo suyo hubiera sido utilizado por santo Tomás para hablar de Dios como el «*ipsum esse subsistentes*», *no* porque Dios fuera sustancia como modo de ser limitado, sino para remover de Dios todo accidente, todo «ser en». Pero al hacer eso santo Tomás no «falseó» la noción de sustancia, no borró o eliminó *su sentido en sí mismo análogo a contextos diferentes*, esto es, lo «en sí».

---

[126] *Op. cit.*

## 4. La consiguiente analogía entre Dios y el hombre

Benedicto se preocupa, sin embargo, de que esta síntesis sea quebrada, en cierto sentido, por una incomunicación entre Dios y el hombre que tiene dos sentidos contrapuestos. Una, donde se niega la creación de un modo iluminista, un positivismo al cual se referirá más tarde. Otra, dentro del pensamiento creacionista, tanto árabe como cristiano, que al entender mal la distancia infinita entre Dios y el hombre, la convierte en equivocidad, en una distancia que negaría la participación referida entre Dios y la naturaleza creada, produciendo con ello un modo voluntarista de entender a Dios.

Aclaremos esta cuestión. Hay diversos modos de entender la relación entre Dios y el hombre. Fuera del Cristianismo, el panteísmo anula la distinción (nos referimos a Plotino, Spinoza, Hegel) y el positivismo de Laplace niega a Dios acentuando la autonomía absoluta de lo material.

Dentro del cristianismo, hay dos modos. Uno es la continuación coherente de la relación armónica entre razón y fe. Ha sido llamado por Juan Pablo II teonomía, en la enc. *Veritatis splendor* (1993): el mundo creado tiene un orden intrínseco a sí mismo cuya causa primera es Dios. Como hemos dicho, el mundo por ende no es un mero instrumento, sino una verdadera causa eficiente principal, y tiene en ese sentido su autonomía, pero relativa, no absoluta, porque está siendo sostenido en su ser por Dios. En el ser humano ello se traduce en la ley natural: asesinar es malo porque es contrario a la naturaleza humana, (teonomía)[127] no sólo porque Dios lo

---

[127]  *Veritatis splendor*, *Op. cit.*: «...Algunos hablan justamente de *teonomía*, o de *teonomía participada,* porque la libre obediencia del hombre a la ley de Dios implica efectivamente que la razón y la voluntad humana participan de la

ha revelado. Esto es, habiendo creado al hombre con inteligencia y voluntad, es contradictorio que Dios diga que está bien asesinar. En un esquema voluntarista, en cambio, sólo hay ley divina revelada, no ley natural, y por ende asesinar está mal sólo porque Dios ordenó no hacerlo, pero si hubiera dado otro mandamiento, estaría bien. Ese voluntarismo es rechazado por Benedicto. Cita dentro del Cristianismo a ciertas tendencias que habrían estado alrededor de Duns Scoto[128], y dentro del islamismo, Ibn Hazm:

---

sabiduría y de la providencia de Dios. Al prohibir al hombre que coma «del árbol de la ciencia del bien y del mal», Dios afirma que el hombre no tiene originariamente este «conocimiento», sino que participa de él solamente mediante la luz de la razón natural y de la revelación divina, que le manifiestan las exigencias y las llamadas de la sabiduría eterna. Por tanto, la ley debe considerarse como una expresión de la sabiduría divina. Sometiéndose a ella, la libertad se somete a la verdad de la creación. Por esto conviene reconocer en la libertad de la persona humana la imagen y cercanía de Dios, que está «presente en todos» (cf. *Ef* 4, 6); asimismo, conviene proclamar la majestad del Dios del universo y venerar la santidad de la ley de Dios infinitamente trascendente. *Deus semper maior*» (https://www.vatican.va/content/john-paul-ii/es/encyclicals/documents/hf_jp-ii_enc_06081993_veritatis-splendor.html )
[128] Duns Scoto NO está condenado por la Iglesia; al contrario, ha sido beatificado, y la evaluación filosófica de su pensamiento es opinable. «*...En nuestra época, rica en inmensos recursos humanos, técnicos y científicos, pero en la que muchos han perdido el sentido de la fe y llevan una vida alejada de Cristo y su Evangelio (cf. Redemptoris missio, 33), el beato Duns Escoto se presenta no sólo con la agudeza de su ingenio y su capacidad extraordinaria de penetración en el misterio de Dios, sino también con la fuerza persuasiva de su santidad de vida, que lo hace maestro de pensamiento y de vida para la Iglesia y para toda la humanidad. Su doctrina, de la que, como afirmaba mi venerado predecesor Pablo VI «se podrán extraer armas resplandecientes para combatir y alejar la nube negra del ateísmo que oscurece nuestra época» (carta apostólica Alma Parens: AAS 58, 1966, p. 612), edifica sólidamente la Iglesia, sosteniéndola en su misión urgente de nueva evangelización de los pueblos de la tierra. En especial para los teólogos, los sacerdotes, los pastores de almas, los religiosos, y más en particular para los franciscanos, el beato Duns Escoto constituye un ejemplo de fidelidad a la verdad revelada, de fecunda acción sacerdotal y de serio diálogo en la*

«... Por honradez, sobre este punto es preciso señalar que, en la Baja Edad Media, hubo en la teología tendencias que rompen esta síntesis entre espíritu griego y espíritu cristiano. En contraste con el llamado intelectualismo agustiniano y tomista, Juan Duns Escoto introdujo un planteamiento voluntarista que, tras sucesivos desarrollos, llevó finalmente a afirmar que sólo conocemos de Dios la *voluntas ordinata*. Más allá de esta Esta existiría la libertad de Dios, en virtud de la cual habría podido crear y hacer incluso lo contrario de todo lo que efectivamente ha hecho. Aquí se perfilan posiciones que pueden acercarse a las de Ibn Hazm y podrían llevar incluso a una imagen de Dios-Arbitrio, que no está vinculado ni siquiera con la verdad y el bien. La trascendencia y la diversidad de Dios se acentúan de una manera tan exagerada, que incluso nuestra razón, nuestro sentido de la verdad y del bien, dejan de ser un auténtico espejo de Dios, cuyas posibilidades abismales permanecen para nosotros eternamente inaccesibles y escondidas tras sus decisiones efectivas».

Esto es: la síntesis entre razón y fe implica que la razón humana puede entender la ley natural en el orden moral y el orden físico en el plano natural, afirmando al mismo tiempo a Dios como autor de ese orden y una *causa essendi* que lo mantiene en el ser.

Santo Tomás lo explica cristianizando otra noción que viene de Aristóteles, la analogía[129].

---

*búsqueda de la unidad. Como afirmaba Juan de Gerson, en su existencia siempre se guió «no por el afán singular de vencer, sino por la humildad de encontrar un acuerdo» (Lectiones duae «Poenitemini», lect. alt., consid. 5: citado en la carta apostólica Alma Parens: AAS 58, 1966, p. 614»* (San Juan Pablo II, *Homilía de reconocimiento del culto litúrgico a Duns Scoto y Beatificación de Dina Bélanger*, del 20 de Marzo de 1993).

[129] El locus clásico es De Veritate, Q. 2, a. 11.

Si la relación entre Dios y el mundo fuera unívoca, o todo sería tan infinito como Dios, o lo divino sería diluido en un mar de finitud. Si fuera equívoca, la distancia entre Dios y el mundo sería tan insondable que terminaríamos en una incomunicación absoluta con lo divino, y eso puede derivar en dos cosas: un fideísmo donde la razón humana, precisamente, no podría decir nada sobre Dios, o un deísmo que negara la Providencia, el gobierno divino del mundo, y ese deísmo puede conducir en la práctica a un agnosticismo práctico cercano a un ateísmo.

No es que Dios gobierno el mundo en el sentido humano de gobierno, sino que la causalidad de Dios no es «en el hacer», como un arquitecto que hace un mueble y luego se va, y el mueble sigue en su lugar, sino «en el ser»: sin la acción de Dios como causa, lo finito cae en la nada; Dios siempre tiene que estar ejerciendo su causalidad para que el acto de ser siga siendo dado a lo finito, y eso en la sustancia («conservación»[130]) o en las facultades operativas («concurso»[131]): por ende todo lo creado es causado por Dios, y todo de-fecto en lo creado es tolerado por Dios, y esa doble acción divina, permanente, de querer el bien y tolerar el mal, es su «gobierno»[132].

Allí es donde encaja la analogía, tanto en un sentido ontológico como gnoseológico. La analogía es en Aristóteles la predicación de algo según nociones en parte iguales, en parte diferentes. Siguiendo un clásico ejemplo, una medicina *es sana* en tanto *causa* de la salud, y una muestra de sangre *es sana* como *síntoma* de salud. Ser causa o ser síntoma es diferente, pero

---

[130] ST Q. 104.
[131] Q. 104.
[132] *Contra Gentiles*, III, 64.

no es equívoco: es análogo porque ambas cosas se refieren a algo uno, la salud.

De igual modo es la relación entre Dios y el mundo. Dios es infinito, lo creado es finito, ambos «son» con una analogía que Santo Tomás llama de proporcionalidad intrínseca[133]. Proporcionalidad porque no hay proporción entre lo finito y lo infinito; «intrínseca» porque hay causalidad en el ser, como hemos explicado.

Pero eso, para el conocimiento humano de Dios, es también esencial, y por ende también para la relación entre razón y fe. El cap. 34 del libro 1 de la *Contra Gentiles*[134], de Santo Tomás, dice «...Que aquellas cosas que se dicen de Dios y de las creaturas se dicen analógicamente». Aplicado ello al conocimiento humano, es obvio que no conocemos a Dios directamente, en su esencia; su rostro es siempre «escondido»[135]; es obvio que la Trinidad ha tenido que ser revelada; Dios siempre será misterio para el intelecto humano, y ni siquiera el conocimiento de Dios que tenemos por revelación es igual a Dios pero... *El misterio no es lo mismo que «absurdo»*. Esta distinción, esencial para una correcta interacción entre razón y fe, implica que *el ser humano, cuando trata de explicar que no es absurdo creer en Dios, puede llegar a explicar a Dios, no desde sí mismo, pero sí desde lo finito, como causa no finita de lo finito.* Eso es conocer analógicamente a Dios: como causa.

---

[133] Proporcionalidad porque no hay proporción entre lo finito y lo infinito; «intrínseca» porque hay causalidad real de Dios a lo finito.

[134] Las traducciones son siempre muy falibles, pero hay una muy buena de María Mercedes Bergada, Ediciones Club de Lectores, Buenos Aires, 1951, con comentarios de Ismael Quiles, S.J.

[135] Ver San Juan de la Cruz, *Poesía completa y comentarios en prosa*; Planeta, Buenos Aires, 2000, y Stein, E.: *Ciencia de la Cruz*, Ediciones Monte Carmelo, Burgos, 1994.

Ahora creo que podemos entender los párrafos que siguen: «.... la fe de la Iglesia se ha atenido siempre a la convicción de que entre Dios y nosotros, entre su eterno Espíritu creador y nuestra razón creada, *existe una verdadera analogía*, en la que ciertamente −como dice el IV concilio de Letrán en 1215− las diferencias son infinitamente más grandes que las semejanzas, *pero sin llegar por ello a abolir la analogía y su lenguaje.*» (Las itálicas son nuestras.) «... Dios no se hace más divino −continúa− por el hecho de que lo alejemos de nosotros con un voluntarismo puro e impenetrable, sino que, más bien, el Dios verdaderamente divino es el Dios que se ha manifestado como *logos* y ha actuado y actúa como *logos* lleno de amor por nosotros. Ciertamente el amor, como dice san Pablo, «rebasa» el conocimiento y por eso es capaz de percibir más que el simple pensamiento (cf. *Ef* 3, 19); sin embargo, sigue siendo el amor del Dios-*Logos*, por lo cual el culto cristiano, como dice también san Pablo, es «λογικη λατρεία», un culto que concuerda con el Verbo eterno y con nuestra razón».

## 5. El Cristianismo y Europa

Dicho todo esto, Benedicto dice algo que es clave en todo su pensamiento: el Cristianismo ha dado lugar a Europa: «... Este acercamiento interior recíproco que se ha dado entre la fe bíblica y el planteamiento filosófico del pensamiento griego es un dato de importancia decisiva, no sólo desde el punto de vista de la historia de las religiones, sino también del de la historia universal, que también hoy hemos de considerar. Teniendo en cuenta este encuentro, no sorprende que el cristianismo, no obstante haber tenido su origen y un importante desarrollo en Oriente, haya encontrado finalmente su impronta decisiva en Europa. Y podemos decirlo también a la inversa: este encuentro, al que se une sucesivamente el patrimonio de Roma, creó a Europa y permanece como fundamento de lo que, con razón, se puede llamar Europa». Esto, que puede parecer contrario a la universalidad del catolicismo, es todo lo contrario. El encuentro entre «la» razón y la fe (no entre «una» razón) ha dado lugar a valores universales que por ende *no* son etnocéntricos y se pueden expandir a todas las culturas. Esos valores, como hemos visto, tienen que ver con el valor universal de los derechos personales de *todos* los seres humanos y, en particular, de uno que hace posible una sana convivencia entre *todos* los seres humanos: la libertad religiosa. Pero esos derechos son la mejor herencia de Occidente que —y en esto Benedicto coincide con diversos autores[136]— ha sido el encuentro entre lo judeo-cristiano, lo griego y lo romano, durante la primera venida de Cristo y que «ha dado lugar a un lugar» *evolutivo* (como vimos) de valores universales que sin embargo no se dieron en otro lado y no de casualidad. El Cristianismo, como culminación de la Revelación que comienza en Israel, «cura» a la razón humana que por ende puede ponerse a «evolucionar hacia» esos valores de esa modernidad en armonía con la Fe. Toda la custodia que el monacato hace de la cultura clásica una vez disuelto el Imperio Romano de Occidente; el renacimiento carolingio, con el nacimiento de las universidades; la evolución de la ciencia con el aristotelismo cristiano medieval y el neopitagorismo cristiano medieval; el apogeo de la Escolástica, con santo Tomás de Aquino, y la Segunda Escolástica, de donde toma fuerza, como vimos, la idea de derechos de la persona frente al poder (que hasta hoy hay

---

[136] Marías, J.: *¿Qué es Occidente?*, Proartel, 1971.

que diferenciarlo del Iluminismo…); todo ello es Europa con sus valores universales, y sus raíces están en la Revelación Judeo-Cristiana.

Justamente así se llama, pero al revés, el importante libro que Ratzinger escribe junto a Marcello Pera, *Sin raíces[137]*, advirtiendo claramente que la Civilización Occidental puede secarse peligrosamente si se olvidan sus raíces. La misma advertencia, pero explicada más históricamente, había sido escrita en «Europa: una herencia que obliga a los cristianos», en 1969[138]; y por eso, ya como pontífice, lo dijo en su discurso del 7 de Septiembre de 2007 en su viaje apostólico a Austria: «…La «casa europea», como solemos llamar a la comunidad de este continente, sólo será para todos un buen lugar para vivir si se construye sobre un sólido fundamento cultural y moral de valores comunes tomados de nuestra historia y de nuestras tradiciones. *Europa no puede y no debe renegar de sus raíces cristianas*, que representan un componente dinámico de nuestra civilización mientras avanzamos por el tercer milenio. *El cristianismo ha modelado profundamente este continente*, como lo atestiguan en todos los países, particularmente en Austria, no sólo las numerosas iglesias y los importantes monasterios. La fe se manifiesta sobre todo en las innumerables personas a las que, a lo largo de la historia hasta hoy, ha impulsado a una vida de esperanza, amor y misericordia. Mariazell, el gran santuario nacional de Austria, es también un lugar de encuentro para varios pueblos de Europa. Es uno de los lugares en donde los hombres han encontrado, y siguen

---

[137] *Op. cit.*, especialmente «Europa. Sus fundamentos espirituales ayer, hoy y mañana», p. 53.
[138] Reproducido como punto III de la Parte Tercera de *Iglesia, ecumenismo y política*, BAC, Madrid, 1987.

encontrando, la «fuerza de lo alto» para una vida recta (Las itálicas son nuestras). NO desconoce Benedicto los dramas de Europa: «... Europa también ha vivido y sufrido terribles caminos equivocados. Entre ellos: restricciones ideológicas de la filosofía, de la ciencia y también de la fe; el abuso de la religión y la razón con fines imperialistas; la degradación del hombre mediante un materialismo teórico y práctico; y, por último, la degeneración de la tolerancia en una indiferencia sin referencias a valores permanentes». Pero.... «... Europa también se ha caracterizado por una capacidad de autocrítica que la distingue y cualifica en el vasto panorama de las culturas del mundo».

Parte de esa autocrítica son todos los escritos de Ratzinger y luego como Benedicto XVI, llamando a Europa a la curación redescubriendo sus raíces. Y en esas raíces, el referido diálogo entre razón y fe juega un papel fundamental: «... forma parte de la herencia europea una tradición de pensamiento que considera esencial una correspondencia sustancial entre fe, verdad y razón». Por eso vuelve Benedicto a insistir que «en el principio era el Verbo», ya no sólo como fundamento del Cristianismo, sino de un Occidente para el cual actuar contra la razón es actuar contra Dios: «... Se trata de ver si la realidad tiene su origen en la casualidad y la necesidad y, por tanto, si la razón es un producto casual secundario de lo irracional y si, en el océano de la irracionalidad, se convierte, en fin de cuentas, en algo sin sentido; o si es verdad, en cambio, lo que constituye la convicción de fondo de la fe cristiana: *«In principio erat Verbum»*, «En el principio era la Palabra», es decir, en el origen de todas las cosas está la Razón creadora de Dios, que decidió comunicarse a nosotros, los seres humanos». Cuando Benedicto dice «... Se trata de ver si la realidad tiene su origen en la casualidad y la necesidad» se está refiriendo, como símbolo de una época, al célebre título de la obra de Jacques Monod, *Azar y necesidad*[139], a quien cita también en el discurso de Ratisbona y al cual había hecho referencia en otras obras[140]. Lejos de Benedicto negar las conjeturas sobre el papel del azar en la Física Cuántica, lo que está haciendo es advertir la paradójica irracionalidad de negar una causa primera a todo el universo en general y al ser humano en particular.

Y no de casualidad cita a renglón seguido a J. Habermas, con quien había mantenido un conocido diálogo en el 2004[141]:

«... Permitidme citar, en este contexto, a Jürgen Habermas, un filósofo que no profesa la fe cristiana, el cual afirma: «Para la auto-conciencia normativa del tiempo moderno, el cristianismo no ha sido solamente un catalizador. El universalismo igualitario, del que brotaron las ideas de libertad y de convivencia solidaria, es una herencia directa de la justicia judía y de la ética cristiana del amor. Esta herencia, sustancialmente inalterada, ha sido siempre hecha propia de modo crítico y nuevamente interpretada. Hasta hoy no existe una alternativa a ella».

### 6. La supuesta des-helenización del cristianismo

En este momento llega uno de los puntos clave de este discurso. Benedicto se refiere a la famosa tesis de que todo este esfuerzo de síntesis entre razón y fe no fue sino una reducción

---

[139] Tusquets Ediciones, Barcelona, 1993.
[140] Como por ejemplo en su debate con Habermas; Ratzinger y Habermas, *Entre razón y religión, dialéctica de la secularización*, FCE, 2008, p. 47.
[141] *Op. cit.*

del cristianismo a «categorías griegas» de pensamiento, extrañas al Antiguo y Nuevo Testamento: «... A la tesis según la cual el patrimonio griego, críticamente purificado, forma parte integrante de la fe cristiana se opone la pretensión de la deshelenización del cristianismo, la cual domina cada vez más las discusiones teológicas desde el inicio de la época moderna. Si se analiza con atención, en el programa de la deshelenización pueden observarse tres etapas que, aunque vinculadas entre sí, se distinguen claramente unas de otras por sus motivaciones y sus objetivos». Veamos cuáles son esas tres etapas.

## 6.1. La Reforma del s. XVI

Por supuesto, en este tema caben muchas aclaraciones. Ha pasado mucho tiempo y actualmente luteranos y católicos se han acercado en cuanto al problema central de la Gracia, el pecado y la naturaleza humana, sobre todo en la «Declaración conjunta sobre la doctrina de la justificación», de 1999[142]. Por lo demás, la posición de Lutero sobre la razón y la fe ha sido objeto de una enorme controversia y la bibliografía es infinita, y desde luego no es este el momento de resolver la cuestión. Sólo digamos que habría que analizar con sumo cuidado, con lupa, a qué se refería Lutero con «escolástica»: posiblemente a cierto semi-pelagianismo que había en su tiempo, o a autores como Occam, Duns Scoto o Gabriel Biel, los más citados en sus 97 tesis contra la teología escolástica, en las cuales, sobre

---

[142] http://www.vatican.va/roman_curia/pontifical_councils/chrstuni/documents/rc_pc_chrstuni_doc_31101999_cath-luth-joint-declaration_sp.html.

todo a partir de la 41, se ve claramente que no lo tenía en alta estima a Aristóteles, por decir lo menos[143]. Pero, de vuelta —y este tema es central también para cierto tomismo que ha reducido bastante santo Tomás a Aristóteles— el Aristóteles cristianizado por santo Tomás nada tiene que ver con un Aristóteles sin cristianismo (y menos aún con el aristotelismo alejandrinista o averroísta). Santo Tomás es un agustinista, que incorpora la metafísica y la antropología de Aristóteles desde una interpretación totalmente original y novedosa en su tiempo. Pero si eso no está claro ni siquiera hoy, es entendible que tampoco lo estuviera en al s. XVI y que el tomismo y el solo aristotelismo hayan sido confundidos, tanto por Lutero como por otros.

Pero Benedicto no tiene sino la opción de describir los *resultados no intentados* de la polémica, teniendo la delicadeza de no nombrar a nadie en particular: «... La deshelenización surge inicialmente en conexión con los postulados de la Reforma del siglo XVI. Respecto a la tradición teológica escolástica, los reformadores se vieron ante una sistematización de la teología totalmente dominada por la filosofía, es decir, por una articulación de la fe basada en un pensamiento ajeno a la fe misma. Así, la fe ya no aparecía como palabra histórica viva, sino como un elemento insertado en la estructura de un sistema filosófico. El principio de la *sola Scriptura*, en cambio, busca la forma pura primordial de la fe, tal como se encuentra originariamente en la Palabra bíblica. La metafísica se presenta como un presupuesto que proviene de otra fuente y del cual se debe liberar a la fe para que esta vuelva a ser totalmente ella misma. Kant, con su afirmación de que había tenido que

---

[143] Ver Mark, J. J. (2021, December 06). . *World History Encyclopedia*. Retrieved from https://www.worldhistory.org/article/1897/luthers-97-theses/

renunciar a pensar para dejar espacio a la fe, desarrolló este programa con un radicalismo no previsto por los reformadores. De este modo, ancló la fe exclusivamente en la razón práctica, negándole el acceso a la realidad plena».

O sea, ciertos reformadores reaccionaron contra un cristianismo «reducido» a una sola filosofía griega. Volvemos a decir, nada de ello tenía que ver con la *cristianización* de nociones clave como sustancia, participación, etc. Como hemos dicho, cuando el cristianismo eleva esas nociones a su *máxima potencialidad, no* abandona su significado en sí mismo, sino que lo toma y lo cura de imperfecciones. Por eso se puede hablar de «*subsistens*» en Dios, o de participación (noción que venía de Platón, Plotino, es cristianizada por san Agustín y es clave en la metafísica de santo Tomás[144]), porque participar es causar, y causar es causar en el ser (creación como estar sosteniendo en el ser a lo finito).

Pero claro, si se quería «no contaminar» el Cristianismo con una filosofía «no cristianizada», entonces se entiende que se la haya querido contraponer una «sola Scriptura». Obviamente no hay que ser escriturista para darse cuenta de que una sola escritura es un imposible hermenéutico; siempre hay un horizonte (Gadamer) desde donde se interpreta; el asunto es cuál es[145]. Lo que se quería enfatizar era que no se le leyera desde una metafísica que, por los motivos expuestos, se consideraba extraña al cristianismo. Mucho más cuando esa metafísica se enfrenta con las críticas kantianas: «... Kant, con su afirmación de que había tenido que renunciar a pensar

---

[144]  Fabro, C.: *Participation et causalité, Op. cit.*

[145]  Hasta un no teólogo como Popper advierte que ello es imposible aún para la filosofía de la ciencia, cuando critica a Bacon y su intento de leer «el solo libro de la naturaleza»; ver «El cubo y el reflector: dos teorías acerca del conocimiento», en *Conocimiento objetivo, Op. cit.*

para dejar espacio a la fe, desarrolló este programa con un radicalismo no previsto por los reformadores». De vuelta, hoy ya sabemos que Kant se refería a los puntos débiles de la síntesis metafísica que va desde Descartes a Wolff, pero extendió toda su crítica de allí para atrás, de tal modo que llega a su famosa conclusión universal: cesar el saber para comenzar la «creencia». El «saber» eran las demostraciones racionales de la existencia de Dios, el alma y la libertad, consideradas erróneas por Kant; la «creencia» es una Fe ya desprovista de esa metafísica pero, claro, en ese caso se corta una conexión esencial entre razón y fe, y la fe queda «suelta», sin diálogo con la razón. Porque una de las bases esenciales para demostrar que la fe no es absurda y en ese sentido racional, es tomar lo que Platón dijo del alma y Aristóteles de la causa primera y (de vuelta) transformarlo en cristianismo, elevarlo al Cristianismo, en la síntesis razón-fe de la cual san  Agustín y Santo Tomás fueron maestros inigualables en su tiempo; uno en el apogeo de la patrística latina, el otro en el apogeo de la escolástica medieval, con un programa de investigación que, como dice la *Fides et ratio*, se continúa hoy en autores como John Henry Newman, Antonio Rosmini, Jacques Maritain, Étienne Gilson, Edith Stein, Vladimir S. Soloviov, Pavel A. Florenskij, Petr J. Caadaev, Vladimir N. Losskij.[146]

---

[146]  Nro. 74, https://www.vatican.va/content/john-paul-ii/es/encyclicals/documents/hf_jp-ii_enc_14091998_fides-et-ratio.html

## 6.2. La segunda oleada de des-helenización
## 6.2.1. La teología liberal de los s. XIX y XX

Cuando comentamos el discurso del 2005, en el punto 2.7 ya habíamos señalado esta preocupación permanente en el pensamiento de J. Ratzinger y luego, de Benedicto XVI. Allí decíamos «... *La cuestión de la ciencia* ... no sólo afectaba a las ciencias naturales, sino también a la ciencia histórica, porque, en cierta escuela, el método histórico-crítico reclamaba para sí la última palabra en la interpretación de la Biblia y, pretendiendo la plena exclusividad para su comprensión de las sagradas Escrituras, se oponía en puntos importantes a la interpretación que la fe de la Iglesia había elaborado». Este tema atraviesa la labor de «Ratzinger el teólogo» de modo transversal a toda su obra. Veremos que también lo trata en su discurso de Ratisbona. No es ahora el momento de recorrer el tema exhaustivamente, pero la cuestión llega a su momento culmen en sus estudios sobre Jesucrisanto Se trata de la famosa contraposición entre un análisis solamente histórico (con sus ciencias afines, antropología cultural, geografía, lingüística, etc.) sobre Jesucristo, por un lado, y la Fe en Jesucristo como Hijo de Dios, por el otro, como si lo primero fuera contrapuesto por lo segundo. Autores como Reimarus, Lessing, Paulus, Schleimacher, Strauss, von Harnack, Renán, Loisy, Bultmann, con todas sus diferencias, representan ese análisis de Jesucristo desprendido de la Fe Católica. Ratzinger, como teólogo, estuvo siempre en desacuerdo con dicha visión. Los análisis científicos del período histórico de la primera venida de Cristo, así como los de su vida y obras, son concomitantes con la Fe, porque el Cristo de la Fe **es** el Cristo histórico. Sobresale en toda su obra su libro Jesús de Nazaret, cuyo prólogo está dedicado a esta cuestión. Allí dice, resueltamente: «...para la fe bíblica es fundamental referirse a hechos históricos reales. Ella no cuenta leyendas como símbolos de verdades que van más allá de la historia, sino que se basa en la historia ocurrida sobre la faz de esta tierra». Las novedades en este caso son dos. Primero, que se refiere específicamente a A. von Harnack: «... La teología liberal de los siglos XXI y XX supuso una segunda etapa en el programa de la deshelenización, cuyo representante más destacado es Adolf von Harnack. En mis años de estudiante y en los primeros de mi actividad académica, este programa ejercía un gran influjo también en la teología católica». «... La idea central –sigue un poco más adelante– de Harnack era simplemente volver al hombre Jesús y a su mero mensaje, previo a todas las elucubraciones de la teología y, precisamente, también de las helenizaciones: este mensaje sin añadidos constituiría la verdadera culminación del desarrollo religioso de la humanidad.»

Pero en el medio de ese párrafo –y esa es la segunda novedad– dice: «... Se utilizaba como punto de partida la distinción de Pascal entre el Dios de los filósofos y el Dios de Abraham, Isaac y Jacob. En mi discurso inaugural en Bonn, en 1959, traté de afrontar este asunto[147] *y no quiero repetir aquí todo lo que dije en aquella ocasión...*». Sin embargo, para este comentario

---

[147]  Allí refiere Benedicto a su nota al pie nro 12: «...Publicada y comentada de nuevo por Heino Sonnemanns (ed.): *Joseph Ratzinger Benedikt XVI, Der Gott des Glaubens und der Gott der Philosophen. Ein Beitrag zum Problem der theologia naturalis*, Johannes-Verlag Leutesdorf, 2. ergänzte Auflage 2005». La version Española *es El Dios de la fe y el Dios de los filósofos*, Encuentro, Madrid, 2006.

juzgamos necesario que el lector conozca mínimamente lo afirmado allí por el entonces profesor Ratzinger[148]. Primero, es importante aclarar el tema de Pascal. Ratzinger lo cita como una introducción al problema de la razón y la fe, y lo interpreta en el contexto del debate con un Dios puramente teórico cartesiano.

Pascal es importante en este contexto porque ha tenido frecuentes interpretaciones fideístas, como si «la razón» fuera un espíritu de geometría contrapuesto al espíritu de fineza al que sólo se accede por la fe. Frente a esa interpretación, hay que contraponer la de Francisco Leocata[149]. El pensamiento de Pascal no es en sí mismo una contraposición con la razón ya en armonía con la fe, curada y elevada por la fe, como hemos aclarado tantas veces. Es una severa advertencia de la caída de la razón humana después del pecado original, que se deriva fácilmente hacia el «*divertissement*», esto es, lo que hoy llamaríamos los escapismos para huir de la pregunta fundamental por el sentido de la vida, pregunta que lleva al encuentro de la razón y la fe[150]. Por lo tanto, Pascal es un adelanto de la crisis

---

[148] Sobre esta cuestión, ver Sicouly, P. C., O.P.: «El Dios de la revelación y la metafísica en la reflexión de Joseph Ratzinger, hoy Benedicto XVI. Una primera aproximación», *en Studium* (2006) Tomo IX Fasc. XVIII.

[149] Ver Leocata, F.: «Pasión e instinto en B. Pascal»: *Sapientia* 39 (1984) 37-62; y «Pascal y la crisis de la razón»: *Sapientia* 55 (2000) 55-86.

[150] En la nota a pie de página nro. 45 de nuestro libro *El legado filosófico del Padre Francisco Leocata* (Agape, Buenos Aires, 2025) decíamos, cuando comentábamos el análisis de Leocata a Pascal: «…Es notable el adelanto que la tesis de *divertissement* tiene con posturas existencialistas del s. XX, como la existencia in-auténtica de Heidegger (recordemos que es una traducción de J. Gaos de la «condición de arrojado»); la contraposición con-tracción/dis-tracción de I. Quiles, el «ser vivido» de H. Mandrioni; lo finito y lo in-finito en Welte, las situaciones límite en Jaspers…... O sea, tenemos en Pascal lo que podría ser perfectamente un existencialismo cristiano sobre la base de una mayor conciencia de la finitud por el pecado original. Decimos «mayor

de la razón denunciada tanto por la Escuela de Frankfurt[151] como por Husserl en *La crisis de las ciencias europeas*[152]. Ambas denuncias, con sus diferencias, son una crítica de la reducción de la razón humana al mero cálculo[153] (denuncia con la cual, como veremos, Ratzinger coincide). Las advertencias de Pascal, por ende, son perfectamente compatibles, en sí mismas, con la armonía razón-fe que Ratzinger, ya como teólogo, ya como Pontífice, ha defendido toda su vida. Pero es interesante ver algo más de ese discurso inaugural de Bonn de 1959. Ratzinger se refiere a un tema que luego va a ser transversal en todos sus escritos: la función iluminadora

_____

conciencia» porque la finitud de la naturaleza humana es anterior al pecado original, pero el querer huir de esa finitud, el no aceptarla, el no reconocer en Dios la única salida a esa finitud, es posterior. En ese existencialismo cristiano, la noción de finitud de Santo Tomás juega un rol fundamental, y es lo que permite pasar «del ser finito al ser eterno» como en E. Stein»

[151]  Horheimer y Adorno, *Op. cit.*

[152]  *Op. cit.*

[153]  Comenta Leocata al respecto: «...Tal vez no sea inoportuno señalar que Pascal acertó en cuanto a la previsión del desenlace al que daría lugar la exaltación de la racionalidad y la unilateral acentuación de los desarrollos de la nueva ciencia. No nos pronunciamos con todo aquí sobre su diagnóstico integral de la filosofía cartesiana. Más allá de la relación histórica entre Pascal y Descartes —y cualesquiera fueren las respectivas interpretaciones a que dan lugar— interesa señalar que hoy no nos perjudica tanto la acentuación del valor de la razón cuanto la reducción de la razón a la instrumentalidad científico-técnica. En plena crisis del racionalismo —tal como la describió hace más de sesenta años Edmund Husser— la solución no hay que buscarla con exclusividad en el salto de la fe o en la apuesta existencial. Es preciso reconducir la razón a su relación con el sentimiento y los valores, pero también reconocerla en su verdadero alcance, distinguir su sentido interior de las aplicaciones científico-técnicas y superar el endiosamiento a que fue conducida durante la era moderna. La vuelta al hombre interior y a su relación con la trascendencia es algo inherente al verdadero sentido de la racionalidad», en «Pascal y la crisis de la razón»: *Sapientia* 55 (2000) 55-86.

(*racional*) del monoteísmo en la revelación al pueblo de Israel. Ya lo hemos visto, pero veámoslo ahora en este contexto. «... El constitutivo decisivo del politeísmo, que le constituye en cuanto tal politeísmo, no es la falta de la idea de unidad, sino la representación de que lo absoluto en sí y como tal no es apelable para el hombre». Esto es: el politeísmo puede ser compatible con una noción de «lo divino», que se manifiesta en diversos dioses, diversas manifestaciones de «la divinidad»[154]. Y esa noción de «lo divino» no es un Dios personal, y por ende «apelable» con el que se puede «hablar» en un contexto de Revelación. Pero... «... la esencia del monoteísmo, como

---

[154] Por eso Dios, en el pensamiento de Santo Tomás, no se puede pasar a la lógica matemática de funciones que diría «existe al menos un x tal que x es Dios», porque en ese caso el x que es Dios estaría en la clase de los dioses, y eso es politeísmo. Una razón más para entender por qué Santo Tomás no usaba el término «existir», sino «ser» para referirse a Dios, y no porque se estuviera refiriendo a la esencia de Dios, sino a Dios como causa no finita de lo creado, compatible con el conocimiento de Dios como Padre conocido por revelación. Sin embargo, una traslación a este tipo de lógica matemática ha sido intentada por Jan Salamucha en «The Proof Ex Motu For The Existence of God: Logical Analysis of St. Thomas Arguments», en *New Scholasticism*, Vo. XXXII, 1958; reproducido en *Aquinas, A Collection of Critical Essays*, edited by Anthony Kenny, MACMILLAN, London, Melbourne, 1969. Ese ensayo, único en su estilo, fue un intento clásico de demostrar la compatibilidad de la metafísica de Santo Tomás con la lógica matemática del s. XX, respondiendo así a la típica objeción neopositivista. Sin embargo, tan noble intento se enfrentaba con el problema aludido sobre el sentido de «existencia» en la lógica de funciones. Todo el cap. III del gran libro *Metafísica y lenguaje*, de Alejandro Llano (EUNSA, Pamplona, 1984) es un detalladísimo intento de responder a esa dificultad. Otro intento es el de Francisco Leocata: la lógica matemática es un juego de lenguaje, y la metafísica de Santo Tomás, otro, diversos pero complementarios. Todo el análisis metafísico de Santo Tomás sobre Dios es perfectamente lógico, pero no por ello trasladable a la lógica matemática sin perder algo de la predicación analógica del ser. Ver Leocata, F.: *Lenguaje, persona, realidad*, UCA, Buenos Aires, 2003.

se muestra ahora, consiste precisamente en que se atreve a apelar al absoluto en cuanto absoluto, en cuanto Dios, que, al mismo tiempo, es el absoluto en sí y el Dios del hombre». O sea, la gran novedad del monoteísmo de la revelación en Israel es que el absoluto se manifiesta de modo tal que el hombre pueda establecer un diálogo, diálogo que al ser diálogos presupone entonces esa analogía (de la que hemos hablado) en los modos de hablar de Dios que permita la armonía razón-fe. «... Dicho de otra manera –sigue Ratzinger– el riesgo audaz del monoteísmo es apelar al absoluto –el «Dios de los filósofos–, tenerlo por el Dios de los hombres –«¡de Abraham, Isaac y Jacob!»–.». O sea: lo absoluto se revela al hombre y por eso el hombre, desde su razón, puede apelar, hablar con lo absoluto (que sería el Dios de los filósofos porque ese absoluto es compatible con la noción de causa primera), que al mismo tiempo es el Dios de los hombres «que creen» (Abraham, Isaak, Jacob). El riesgo es confundir a *Dios en sí mismo* con su *modo de ser conocido por nosotros,* pero no hay riesgo de confusión *porque Dios mismo ha tomado la iniciativa de revelarse como Padre y como causa:* «... Y naturalmente sólo puede arriesgarse a tal cosa porque se sabe primero apelado precisamente por este Dios». Dios habla, de un modo tal que podamos entenderlo, y por ende nosotros hablamos con él, pero ese «modo tal que podamos entenderlo» no falsea a Dios, porque es un diálogo que recurre a la analogía entre Dios y el hombre.

Ratzinger encuentra con esto «el guión» que une al Dios de los filósofos con el Dios de los hombres: «... Pero con ello queda dicho que al monoteísmo no lo constituye nada más que justamente el guión que une el absoluto –el «Dios de los filósofos– y el Dios del hombre –el Dios de Abraham, de Isaac y de Jacob– uno con otro». Pero esto es sólo la premisa para una sorprendente conclusión: «... Esto significa que **la**

**verdad filosófica pertenece, en un cierto sentido, constitutivamente a la fe cristiana**, y esto indica a su vez que la **analogía entis es una dimensión necesaria de la realidad cristiana**, y tacharla sería **suprimir la exigencia propia que ha de plantear el cristianismo**» (Las negritas son nuestras). Por eso el Dios monoteísta de Israel es el Dios que corresponde a la noción de creación, que es una dimensión totalmente nueva entre los pueblos politeístas y panteístas de alrededor: «... en los escritos bíblicos de después del exilio puede observarse con claridad creciente el intento de hacer comprensible al mundo en torno la esencia que acabamos de describir de la fe monoteísta. *El tema de la creación* avanza en ellos siempre más y más y desempeña, por ejemplo, en el Deutero-Isaías, un papel dominante. *Como ningún otro pensamiento era Este este apropiado para interpretar lo especial de la fe bíblica en Dios ante los pueblos del mundo, a los cuales estaba Israel como trasladado de manera por completo nueva.* Precisamente en el pensamiento de la creación fue capaz el profeta de expresar el hecho de que *Israel no adoraba a ninguno de los usuales dioses de los pueblos*, a ninguno de los poderes intramundanos de fertilidad, *sino al fundamento mismo del mundo*» (Las itálicas son nuestras).

O sea: lo que está haciendo Ratzinger, al apelar a este seminal discurso de sus primeros años como teólogo, es impedir una utilización fideísta de Pascal que pueda ser utilizada en una interpretación de las Escrituras totalmente separada de la armonía razón-fe. El Dios que se revela a Abraham, Isaak y Jacob es el Dios que, al mostrar claramente su monoteísmo y su diálogo con el hombre, inicia él mismo el diálogo entre la razón y la fe, diálogo que se continuará con la primera venida de Cristo donde la revelación se hace misional, exotérica. Porque ese mismo Dios de Abrahm, Isaak y Jacob es el mismo Cristo que antes de su asunción manda «predicar a todos los pueblos», y luego envía al Espíritu Santo para que la Fe pueda elevar la razón de sus discípulos a la altura de esa predicación universal, que supone además la universalidad da la razón humana: «todos los pueblos» podrán recibir la Palabra de Dios porque en todos los pueblos hay seres humanos que, aunque caídos por el pecado, pueden sin embargo *entender* cuando su razón es iluminada por la Fe[155].

### 6.2.2. La separación entre razón y Escrituras es también la separación entre la ciencia y la fe

Dentro de esta segunda etapa de deshelenización, Benedicto critica una vez más a una visión positivista de la ciencia. Por-

---

[155] «... El elemento filosófico se suministró al concepto de Dios de la Biblia en la medida en que Este este se encontraba forzado a pronunciar lo suyo propio y especial frente al mundo de los pueblos, y en un lenguaje general, esto es, comprensible para el mundo todo, por encima del propio espacio interior. Se hizo necesario en la medida en que, visto negativamente, surgió la indigencia apologética; visto positivamente, la indigencia misionera. Lo filosófico designa, por tanto, ni más ni menos, la dimensión misionera del concepto de Dios, ese momento con el que se hace comprensible hacia fuera. Así es también evidente que la apropiación de lo filosófico fue realizada ampliamente en el momento en que el judaísmo, poco expansivo, quedaba disuelto por una religión expresamente misionera, el cristianismo. La apropiación de la filosofía, tal y como fue ejecutada por los apologetas, no era otra cosa que la necesaria función complementaria interior del proceso externo de la predicación misionera del Evangelio al mundo de lospueblos. Si para el mensaje cristiano es esencial no ser doctrina esotérica secreta para un círculo rigurosamente limitado de iniciados, sino mensaje de Dios a todos, entonces le es también esencial la interpretación hacia afuera, dentro del lenguaje general de la razón humana. La verdadera exigencia de la fe cristiana no puede hacerse visible en su magnitud y en su seriedad, sino por este guión con aquello que el hombre ya de antemano ha captado en alguna forma como lo absoluto» (*El Dios de la fe y el Dios de los filósofos*, op, cit., p. 29).

que una ciencia histórica que contraponga el Cristo histórico al Cristo de la fe es coherente con una visión de la ciencia donde ciencia y fe sean contrapuestas.

«... En el trasfondo de todo esto subyace la autolimitación moderna de la razón, clásicamente expresada en las «críticas» de Kant, aunque radicalizada ulteriormente entre tanto por el pensamiento de las ciencias naturales. Este concepto moderno de la razón se basa, por decirlo brevemente, en una síntesis entre platonismo (cartesianismo) y empirismo, una síntesis corroborada por el éxito de la técnica. Por una parte, se presupone la estructura matemática de la materia, su racionalidad intrínseca, por decirlo así, que hace posible comprender cómo funciona y puede ser utilizada: este presupuesto de fondo es en cierto modo el elemento platónico en la comprensión moderna de la naturaleza. Por otra, se trata de la posibilidad de explotar la naturaleza para nuestros propósitos, en cuyo caso solo la posibilidad de verificar la verdad o falsedad mediante la experimentación ofrece la certeza decisiva. El peso entre los dos polos puede ser mayor o menor entre ellos, según las circunstancias. Un pensador tan drásticamente positivista como J. Monod se declaró platónico convencido».

Analicemos detenidamente el texto.

De vuelta se refiere Benedicto a la interpretación habitual de Kant, donde la razón humana se ha limitado más allá de lo necesario. Una cosa es tener conciencia de los límites de la razón, otra cosa es afirmar que *toda* metafísica está equivocada en sus demostraciones. Pero Benedicto habla de una «radicalización». En efecto, quedaba, en el Kant habitualmente interpretado, una ética que daba lugar a un espíritu más allá de la materia, pero con la secularización «laicista» de la ciencia, a la cual ya hemos referido («la hipótesis Dios ya no es necesaria») el agnosticismo en la metafísica se hace total al lado de una racionalidad *reducida* exclusivamente a la física concebida en la Modernidad (ya hemos aclarado que Ratzinger usa a veces modernidad e iluminismo como sinónimos, de manera diferente a Leocata y Del Noce).

Pero ahora agrega un punto adicional que siempre lo preocupó. «... Este concepto moderno de la razón se basa, por decirlo brevemente, en una síntesis entre platonismo (cartesianismo) y empirismo, una síntesis corroborada por el éxito de la técnica». ¿A qué se refiere con «una síntesis entre platonismo y empirismo»? Ya hemos visto que el neopitagorismo *cristiano* medieval suponía que Dios había creado un mundo *matemático* (y en ese sentido neo-pitagórico y neo-platónico) determinístico, y que esa fue la base filosófica (como afirma Koyré) de la física de Copérnico hasta Newton. Hemos visto que esa posición es una filosofía cristiana de la física, opinable, que tenía como punto débil (como veremos) la negación del azar en la naturaleza física, cosa que santo Tomás sí había tenido en cuenta (volveremos a esa cuestión en un momento).

Pero cuando esa física newtoniana es separada de Dios creador por Comte y Laplace, o sea, por el positivismo del s. XIX, entonces lo que tenemos es un mundo solamente matemático, contrapuesto a la idea de un Dios creador. A esa física se agrega un empirismo extraño a la física anterior (hasta Newton inclusive[156]) donde el testeo empírico es determinante para el «sentido racional» de todo conocimiento. Lo que queda es solamente un positivismo que considera que la metafísica no tiene sentido (y *esa* metafísica es compatible con una fe sin sentido). Y esa es la «... síntesis entre platonismo (cartesianismo) y empirismo, una síntesis corroborada por el

---

[156] Ver Koyré y Koestler, *Op. cit.*

éxito de la técnica». Algo muy parecido a la ciencia criticada por Husserl en *La crisis de las ciencias europeas*[157]. Interesante que Benedicto cite a J. Monod en este caso.

Monod, premio Nobel de fisiología y medicina de 1965, es el célebre autor del ya citado libro *El azar y la necesidad*[158], en el que el autor contrapone la existencia del azar al designio de un Dios Creador. Uno de los aportes más importantes de la ya citada filosofía de la física de Mariano Artigas[159], es que Artigas explica que en el análisis de la Providencia Divina en santo Tomás de Aquino[160], el azar, que él llamaba *per accidens*, está totalmente comprendido en la Creación, conforme al conocimiento divino de los futuros contingentes[161], y por ende ello implica, trasladado a los siglos XXI y XX, que la Creación es totalmente compatible con las teorías de la evolución, del *big bang* y de los fenómenos de la incertidumbre de la física cuántica[162]. Por lo tanto, no hay motivo alguno para que el azar lleve al agnosticismo, como tampoco hay motivo alguno para que un Dios creador lleve al determinismo físico. Por eso habíamos dicho que el tomismo tenía la ventaja de la contingencia del universo frente al neopitagorismo cristiano medieval. Ahora, ya en el s. XIX, los dos son perfectamente compatibles. El mundo físico es matemático, sí, pero no por ello determinístico.

Por lo tanto, Benedicto diagnostica el gran error del neopositivismo: «... Sólo el tipo de certeza que deriva de la sinergia entre

---

[157] *Op. cit.*

[158] *Op. cit.*

[159] En *La mente del universo, Op. cit.*

[160] *Contra Gentiles*, III, 74 y 96.

[161] *Op. cit.*, I, 67.

[162] Artigas, op.cit, y Silva, I.: *Thomism and the Natural Sciences*, Cambridge University Press, 2025, punto 3.

matemática y método empírico puede considerarse científica», negando con ello el carácter racional de una metafísica que pueda hacer de puente entre razón y fe. Pero ello incide gravemente en las ciencias del hombre: «... También las ciencias humanas, como la historia, la psicología, la sociología y la filosofía, han tratado de aproximarse a este canon de valor científico». Y ni qué hablar de todo pensamiento racional sobre Dios: «... Además, es importante para nuestras reflexiones constatar que este método en cuanto tal excluye el problema de Dios, presentándolo como un problema acientífico o precientífico». Ello conduce a un relativismo total en los interrogantes humanos más profundos: «... Pero hemos de añadir más: si la ciencia en su conjunto es sólo esto, entonces el hombre mismo sufriría una reducción, pues los interrogantes propiamente humanos, es decir, de dónde viene y a dónde va, los interrogantes de la religión y de la ética, no pueden encontrar lugar en el espacio de la razón común descrita por la «ciencia» entendida de este modo y tienen que desplazarse al ámbito de lo subjetivo». Y ello conduce a una situación muy peligrosa para la humanidad. La religión, desprovista de sentido racional, se convierte en fanatismo[163]; la ciencia, creyéndose

---

[163] Curiosamente, Paolo Flores d'Arcais, en un debate con Ratzinger tan importante como el de Habermas, pero menos conocido, opinaba lo contrario. Que una fe basada en la razón llevaría a la intolerancia. «... Pero si la fe católica –decía d'Arcais– pretende ser el resumen y la culminación de la razón, ser el resumen y la culminación de todo aquello que es más característico del hombre, ser la verdadera summa de la razón y la humanidad, entonces comprenderán que si la fe pretende ser eso, es inevitable el riesgo de que más tarde caiga en la tentación de imponerse, incluso mediante el brazo secular del Estado. Porque quien estuviese en conflicto con los dictámenes de la fe, y sobre todo con sus consecuencias morales, estaría también en contra de la razón y de la humanidad». La respuesta de Ratzinger es obvia para nosotros, pero sigue siendo una no-

vedad: «...En realidad estoy convencido de que las primeras generaciones del cristianismo no pensaban en la fe como un absurdo. Es cierto que Pablo habla del «escándalo» de la fe, y vemos que el escándalo existe en todas las generaciones —incluso hoy—, pero al mismo tiempo Pablo predica en el Areópago, es decir, en el centro de la cultura antigua, de la filosofía antigua, en discusión con los filósofos, y cita también a los filósofos. Y generalmente el comienzo de la predicación cristiana se dirigía a los denominados *phoboumenot theon*, es decir, a grupos de personas que se habían congregado en torno a la Sinagoga. El judaísmo tuvo una función muy importante y una posición muy importante el en mundo antiguo, en tanto que aquella fe en un único Dios creado se presentaba precisamente como la religión racional, que era buscada en el momento de la crisis de los Dioses. Y, por tanto, esa religión se ofrecía como una religión verdadera y auténtica, no inventada por los filósofos, sino realmente nacida del corazón del hombre y de la luz de Dios, pero al mismo tiempo en correspondencia profunda con las convicciones racionales de aquel periodo. Y, por tanto, las personas digamos «iluminadas» de aquel periodo, en busca de Dios, que ya no estaban satisfechas con las religiones oficiales, las personas que buscaban no solo una construcción filosófica, sino una religión auténtica, que sin embargo, correspondiera a la razón... Esas personas habían creado un círculo de personas en torno a la Sinagoga, y aquel era el mundo donde Pablo podía predicar. Y su intención y su convicción fue precisamente el Dios único que habló con Abraham, que habló en el Antiguo Testamento, y que se manifiesta y se hace accesible a través de Jesús a los pueblos del mundo. [Pablo] sabía bien que por una parte ofrecía escándalo en el Areópago, sabemos que el anuncio de la resurrección crea escándalo. Pero también estaba convencido de que no anunciaba algo absurdo, capaz de satisfacer solo a algunos, sino algo que llevaba consigo un mensaje capaz de apelar a la razón de los hombres, y decirles: todos nosotros buscamos —en este momento de crisis— a Dios, buscamos una religión que no sea inventada, sino auténtica, y que, al mismo tiempo, sea acorde con nuestra razón. Y san Pedro en la primera carta dice explícitamente: deberéis estar siempre dispuestos a «dar razón» de vuestra esperanza, siempre tenéis que *apologeín,* dar cuenta del logos. Es decir: [los cristianos] tienen que estar dispuestos a demostrar el logos, es decir, el sentido profundamente racional de sus convicciones. Por supuesto, sobre ese punto estoy de acuerdo con el profesor Flores d'Arcais, no se debe imponer todo eso. Hay que apelar a la conciencia y a la razón. Esa es la única instancia que puede decidir. Porque

ilimitada, también. Eso es «la dictadura del relativismo»[164] (esa fue homilía de homenaje a Juan Pablo II), porque los «hombres de hechos», esos denunciados por Husserl, avanzan sin límites ante seres humanos cuya dignidad natural ya no tiene fundamento, con una falsa retórica de derechos humanos que nada significan. Por eso concluye Benedicto antes de pasar a la tercera etapa de deshelenización: «... La situación que se crea es peligrosa para la humanidad, como se puede constatar en las patologías que amenazan a la religión y a la razón, patologías que irrumpen por necesidad cuando la razón se reduce hasta el punto de que ya no le interesan las cuestiones de la religión y de la ética. Lo que queda de esos intentos de construir una ética partiendo de las reglas de la evolución, de la psicología o de la sociología, es simplemente insuficiente».

### 6.3. La tercera fase. ¿El postmodernismo?

Llegado a este punto, Benedicto introduce la tercera oleada: «... Teniendo en cuenta el encuentro entre múltiples culturas,

---

de veras constituye un pecado pensar: si luego la razón no está disponible, debemos «ayudarla» con el poder del Estado. Eso es un grave error. Por tanto, no hay que imponerse con el poder —eso es un gran pecado y un gran error— sino ofrecerse a la evidencia de la razón y del corazón» (Los subrayados son nuestro). En Ratzinger, J., y d'Arcais, P.: *¿Dios existe?, Op. cit.*

[164] Homilía del 18 de Abril del 2005, https://www.vatican.va/gpII/documents/homily-pro-eligendo-pontifice_20050418_sp.html . «... A quien tiene una fe clara, según el Credo de la Iglesia, a menudo se le aplica la etiqueta de fundamentalismo. Mientras que el relativismo, es decir, dejarse «llevar a la deriva por cualquier viento de doctrina», parece ser la única actitud adecuada en los tiempos actuales. Se va constituyendo una dictadura del relativismo que no reconoce nada como definitivo y que deja como última medida sólo el propio yo y sus antojos».

se suele decir hoy que la síntesis con el helenismo en la Iglesia antigua fue una primera inculturación, que no debería ser vinculante para las demás culturas». Esto es, la síntesis razón-fe de la Patrística fue la síntesis entre «una» razón y la fe, pero podría haber otras síntesis: «... Estas (otras culturas, aclaramos nosotros) deberían tener derecho a volver atrás, hasta el momento previo a dicha inculturación, para descubrir el mensaje puro del Nuevo Testamento e inculturarlo de nuevo en sus ambientes respectivos». El juicio de Benedicto XVI es *en esta versión* bastante lapidario: «... Esta tesis no es simplemente falsa, sino también rudimentaria e imprecisa» (decimos «en esta versión» porque en la versión impresa de *L´Osservatore Romano* en lengua española Nro. 489, p. 13, dice «Esta tesis no está totalmente equivocada, pero es torpe e imprecisa»). *¿Por qué?* Porque, «... Ciertamente, en el proceso de formación de la Iglesia antigua hay elementos que no deben integrarse en todas las culturas», pero.... «... las opciones fundamentales que atañen precisamente a la relación entre la fe y la búsqueda de la razón humana forman parte de la fe misma, y son un desarrollo acorde con su propia naturaleza» (Los subrayados son nuestros).

Esta cuestión es delicadísima y hay bastantes aclaraciones por hacer.

Después de haber analizado tanto al neopositivismo, Benedicto está aquí lidiando con un adversario muy diferente, pero que se retroalimenta. Se trata de cierto postmodernismo, muy influyente en estos tiempos, que es esencialmente una determinada interpretación del pensamiento de Heidegger.

Decimos «determinada interpretación». El gran autor alemán ha tenido interpretaciones conservadoras dentro del pensamiento cristiano, totalmente respetables[165.] Pero lamentablemente no han sido las más influyentes. Vattimo y Derrida, en cambio, han hecho una interpretación que, en estrictos términos de Vattimo[166], lleva al nihilismo como anulación de todo fundamento racional.

[165] Nos referimos a Echauri, R.: *Heidegger y la metafísica tomista*, Eudeba, Buenos Aires, 1971, y Welte, Bernhard: «El pensamiento filosófico actual frente a las «quinque viae» de santoTomás de Aquino», en «Ateísmo y religión», *Teología*, Tomo VI/1, (12), 1968 (Ediciones Librería Del I.C.R.S.).

[166] En el caso de Vattino, nos referimos a tres libros tan influyentes como *Introducción a Heidegger*, Gedisa, Barcelona, 1996, *Más allá de la interpretación*, Paidós, Barcelona, 1995, y *Más allá del sujeto*, Paidós, Barcelona, 1992. En el caso de Derrida, si Gadamer tiene razón, no se trataba en Heidegger de «deconstruir como refutar» un significado escolástico de una noción griega, sino de «revitalizar», esto es, de volver una noción metafísica des-historizada a su mundo de la vida, lo cual no quiere decir que esa noción quede imposibilitada de comunicarse con otros mundos de la vida. Afirma Gadamer: «...«... ¿Y qué es en realidad eso de «lenguaje de la metafísica»? ¿Es realmente un lenguaje? Se entiende, desde luego, lo que se quiere decir cuando se afirma que un concepto soporta un matiz metafísico. A este respecto me parece totalmente decisivo el hecho de que el concepto de «destrucción», que el joven Heidegger nos transmitía como ese nuevo gran mensaje, nunca implicase para quien realmente tuviera oído para la lengua alemana de la época el sentido negativo que le es propio en otras lenguas. Para nosotros, destrucción equivale a desmontaje, desmontaje de aquello que sirve de ocultamiento. Cuando queremos decir destrucción en sentido negativo no decimos 'Destruktion' sino 'Zerstorung'. Esta es la manera en que Heidegger introdujo la palabra en la década de 1920, y supongo que Derrida no era plenamente consciente de ello, por ello eligió una palabra que según mi sensibilidad lingüística es extraña y redundante, ya que parece que él percibía efectivamente sólo el sentido negativo de 'Destruktion'» (*El giro hermenéutico*, Cátedra, Madrid, 1998). Y agrega más adelante: «... En Heidegger «destrucción» no significa jamás liquidación, sino desmontaje. A través de esa destrucción se pretende retrotraer determinaciones concep-tuales fosilizadas hasta la experiencia de pensamiento de la cual nacieron en su momento, y así hacerlas hablar de nuevo. Una destrucción de este tipo no pretende desde luego remitir a un origen oscuro, a una 'arché' o lo que quiera que sea....» (ídem, p. 81, las itálicas son nuestras).

No, no es que nieguen coherencias intraculturales. La tesis de Vattimo es que la crítica de Heidegger al logos como el olvido del ser lleva al «no-fundamento». Esto es, toda la metafísica occidental estaría atravesada por un radical olvido del ser, cuyo rescate del olvido vendría sólo por un pensamiento poético no conceptual. Entonces la razón griega, esa con la cual el Cristianismo dialogó e hizo una nueva síntesis, no puede pretender ser el fundamento, porque más que fundamento es un olvido. Las diversas culturas tienen su coherencia interna, pero no sería posible algo en sí mismo bueno o verdadero que las juzgue más allá de sí mismas. Todos los grandes discursos metafísicos, desde Aristóteles, pasando por santo Tomás hasta Hegel, serían «pequeños relatos», coherentes en sí mismos pero no más verdaderos o menos que el Popol Vuh, los Bhagavad-Gita o el Kojiki. No es que estos últimos tengan «elementos de verdad» en común con otras metafísicas y/o religiones, sino que hablar de «elementos de verdad» implica referirse a «una» verdad que, dado el aludido no-fundamento, es imposible.

Como vemos, el postmodernismo, así entendido, renuncia a toda razón y es un relativismo total.

Desde esa perspectiva puede entenderse perfectamente esa contraposición entre «la» razón y «una» razón, culturalmente encarnada. El cristianismo se habría inculturado en «una» razón, pero no en «la» razón. Es más, «esa» razón, con sus pretensiones de universalidad, imposibilitaría la multiplicación del Cristianismo en otras culturas, multiplicación que sería, según esa visión, un conjunto de relatos *equívocos,* incomunicados, de religiones *contradictorias* entre sí aunque llamadas «cristianismo».

Lo que este postmodernismo no tiene en cuenta es la ya explicada analogía del ser y de la razón. No es cuestión de negar una hermenéutica como manifestaciones diversas de una unidad[167]. Así ha entendido el mismo Feyerabend su propia posición[168] *y así ha explicado también el último Kuhn la relación entre paradigmas comparables y en* ese sentido comunicables[169]. «La» razón no se reduce a una cultura en especial, sino que se da en todas las culturas de manera diversa pero no contradictoria con la razón en sí misma. *Así como la humanidad no se reduce a Juan o a Pablo, sino que Juan y Pablo son totalmente humanos aunque individuales, así la racionalidad no se reduce a la griega o a la hindú, aunque la racionalidad griega o hindú sea totalmente racional aunque culturalmente diversa.*

Por eso, volvemos a decir, diversos filósofos han llegado a ciertas nociones que en sí mismas son manifestaciones de la razón en sí misma, aunque ello se pueda luego predicar de manera culturalmente diversa. Sustancia, accidente, acto, potencia, naturaleza, individuo, ente, etc., no son peculiaridades históricas incomunicables a otras culturas, sino nociones de una sola razón que permiten a todos los seres humanos entenderse, al captar algo de lo real en sí mismo. Ejemplo: el cristianismo y el Sintoísmo son efectivamente muy diferentes. Un cristiano y un sintoísta pueden no comprenderse mutuamente cuando quedan adheridos a lo más periférico de sus creencias. Pero para entenderse, necesitan recurrir al significado analogante[170] que sus diversas racionalidades,

---

[167]  Así la entiende Leocata, F.: *Estudios sobre fenomenología de la praxis*, Proyecto, Buenos Aires, 2007.

[168]  Feyerabend, P.K.: *Diálogos sobre el conocimiento*; Cátedra, Madrid, 1991; *Diálogo sobre el método*; Cátedra, Madrid, 1989; y *La conquista de la abundancia*; Paidós, Barcelona, 2001.

[169]  Ver *Qué son las revoluciones científicas y otros ensayos*; Paidós, 1989.

[170]  O sea, un sentido en el mundo de la vida similar a horizontes diversos; hemos desarrollado este tema en *Hacia una hermenéutica realista*, Austral, Buenos Aires, 2005, y *La hermenéutica como el humano conocimiento*, Arjé, 2019.

diversas pero racionalidades al fin, encuentren. Por ejemplo, para un japonés, la noción de «padre» es muy importante. El cristiano le puede decir: nuestro Dios también es padre; *es el padre de todos los padres*. Y allí comenzar un diálogo que vea «algo en común»; una noción intercultural de paternidad que pueda llevar a esa noción de «causa» que es común a todas las culturas, aunque con manifestaciones «epocales» diversas. Por eso dice Benedicto: «esta tesis no está totalmente equivocada» (preferimos la versión de *L'Osservatore*). Efectivamente, hay aún todo un trabajo de evangelización e inculturación que hacer con vastas culturas budistas, hinduistas y sintoístas con las cuales el cristianismo ha dialogado muy poco. Tal vez sean necesarios en esos casos otros siglos de una nueva patrística, y en ese caso «... hay elementos que no deben integrarse en todas las culturas». Pero la síntesis razón-fe del Cristianismo, que ya ha elevado a la razón griega a su máxima potencialidad, no es un obstáculo, es una ventaja porque, como hemos ya explicado, esa razón griega, al ser curada y elevada por la Gracia, ha dejado de ser sólo griega: se ha convertido en universal. Tres personas y una sola naturaleza no es algo entendible sólo para un doctor en Teología Medieval; es algo entendible para cualquiera que tenga fe en un solo Dios que es Padre (causar), que es el Hijo que se encarna (asumir) y es el Espíritu Santo que desciende (venir y elevar) en Pentecostés. Esas nociones se vivirán con manifestaciones culturales diversas, pero con una sola fe. Causar, asumir, venir, elevar: *todos los seres humanos lo pueden entender*, excepto que una ideología los haya convencido de lo contrario. Por eso en el diálogo entre razón y fe, «... las opciones fundamentales que atañen precisamente a la relación entre la fe y la búsqueda de la razón humana forman parte de la fe misma, y son un desarrollo acorde con su propia naturaleza».

## 7. No por todo esto hay que volver a una etapa premoderna

Aunque Benedicto XVI no usó la distinción de Del Noce y Leocata entre Iluminismo y modernidad, se entiende por el contexto que su discurso no es una condena total a la modernidad desde una nostalgia del Medioevo que condene todo desde el s. XIV en adelante. «... Este intento de crítica de la razón moderna desde su interior, expuesto sólo a grandes rasgos, no comporta de manera alguna la opinión de que hay que regresar al período anterior a la Ilustración, rechazando de plano las convicciones de la época moderna. Se debe reconocer sin reservas lo que tiene de positivo el desarrollo moderno del espíritu: todos nos sentimos agradecidos por las maravillosas posibilidades que ha abierto al hombre y por los progresos que se han logrado en la humanidad». «... La intención (reafirma) no es retroceder o hacer una crítica negativa, sino ampliar nuestro concepto de razón y de su uso. Esa «ampliación» tiene que ver con una toma de conciencia de que los límites autodecretados por el Iluminismo son incorrectos. La razón de la ciencia no tiene por qué contraponerse a la razón de la metafísica; es una misma razón, en planos diferentes. «... Porque, a la vez que nos alegramos por las nuevas posibilidades abiertas a la humanidad, vemos también los peligros que surgen de estas posibilidades y debemos preguntarnos cómo podemos evitarlos. Sólo lo lograremos si la razón y la fe se reencuentran de un modo nuevo, *si superamos la limitación que la razón se impone a sí misma de reducirse a lo que se puede verificar con la experimentación,* y le volvemos a abrir sus horizontes en toda su amplitud» (las itálicas son nuestras). Y ello implica recuperar la síntesis entre la razón y la fe, y por ende dar a la Teología su lugar en la universidad: «... En este sentido, la teología, no sólo como disciplina histórica y ciencia humana, sino como teología auténtica, es decir, como ciencia que se interroga sobre la razón de la fe, debe encontrar espacio en la universidad y en el amplio diálogo de las ciencias. Interesante esta concepción de la Teología: «... ciencia que se interroga sobre la razón de la fe».

## 8. El diálogo intercultural

Pero entonces hace Benedicto una audaz afirmación: «... Sólo así seremos capaces de entablar un auténtico diálogo entre las culturas y las religiones, del cual tenemos urgente necesidad». Habíamos dado las razones hermenéuticas de ello. *Sólo una clara conciencia de la analogía del ser y la analogía del conocimiento humano puede comunicar aspectos aparentemente incomunicables.* El post-modernismo niega esa analogía porque desconfía de la universalidad de la razón, y el neo-positivismo también la niega porque ha reducido la razón humana a la univocidad de un supuesto método científico que NO es tal, según los profundos análisis de filósofos de la ciencia, ya citados, como Popper, Kuhn y Feyerabend. De allí uno de los párrafos más profundos de Hayek: «... Sir Karl Popper has taught me that natural scientists did not really do what most of them not only told us that they did but also urged the representatives of other disciplines to imitate[171].

---

[171] Hayek, F. A. von: *Studies*, Routladge & Keagan Paul, London, 1967, Preface. «...*Natural scientits did not reallly do*», esto es, el inductivismo es imposible; del testeo empírico NO emerge la teoría (Popper), pero para colmo, exhortan a los científicos de las ciencias sociales a hacer eso que es imposible: «...*also urged the representatives of other disciplines to imitate*». Y

Pero la creencia de que la metafísica, en síntesis con la fe, es irracional ha conducido a la creencia de que lo único universal vendría de las tecno-ciencias. «... En el mundo occidental está muy difundida la opinión según la cual sólo la razón positivista y las formas de la filosofía derivadas de ella son universales». PERO... «... las culturas profundamente religiosas del mundo consideran que precisamente esta exclusión de lo divino de la universalidad de la razón constituye un ataque a sus convicciones más íntimas. Una razón que sea sorda a lo divino y relegue la religión al ámbito de las subculturas es incapaz de entrar en el diálogo de las culturas». Esto es, el diálogo intercultural, el diálogo entre religiones diversas y culturas diferentes, sólo puede venir de una profunda experiencia de lo humano, que sólo una formación clásica puede dar. No lograremos que las guerras cesen «comunicándonos» solamente la tecno-ciencia sobre cómo matarnos los unos a los otros. Debemos aprender a ir a todo lo profundamente humano de todas las culturas, a las analogías entre los grandes mitos y relatos metafísicos. «He llegado a la conclusión (dice P. K. Feyerabend[172]de que cada cultura es en potencia todas las culturas, y que las características culturales específicas son manifestaciones intercambiables de una sola naturaleza humana» (las itálicas son del autor). Dicho esto por uno de los, si no «el», más grandes críticos del neopositivismo, pero no en nombre del post-modernismo, sino en nombre de una profunda experiencia de lo humano.

---

lamentablemente lo lograron. Han convertido a las ciencias sociales en numeritos y las han vaciado de teoría.

[172] Feyerabend, P.K.: *Matando el tiempo.*, Debate, Madrid, 1995. Cap. 11.

## 9. Una cita de Sócrates y los grandes interrogantes de la razón

Llegado este punto, Benedicto recurre a lo más clásico de la filosofía occidental, a esos diálogos platónicos que fueron precisamente parte esencial de esa razón elevada por la Fe: «... Aquí me vienen a la mente unas palabras que Sócrates dijo a Fedón. En los diálogos anteriores se habían expuesto muchas opiniones filosóficas erróneas; y entonces Sócrates dice: «Sería fácilmente comprensible que alguien, a quien le molestaran todas estas opiniones erróneas, desdeñara durante el resto de su vida y se burlara de toda conversación sobre el ser; pero de esta forma renunciaría a la verdad de la existencia y sufriría una gran pérdida». Sí, la razón humana puede estar perpleja por sus errores y desvaríos, pero ello no implica condenarla al olvido. Si el llamado olvido del ser ha conducido a algunos al olvido de la razón, conviene no olvidarse de la razón para recuperar el ser. Y de ese modo recuperar a la razón para los grandes interrogantes de la vida humana: «... Occidente, desde hace mucho, está amenazado por esta aversión a los interrogantes fundamentales de su razón, y así sólo puede sufrir una gran pérdida. *La valentía para abrirse a la amplitud de la razón, y no la negación de su grandeza*, es el programa con el que una teología comprometida en la reflexión sobre la fe bíblica entra en el debate de nuestro tiempo» (las itálicas son nuestras).

Y de ese modo vuelve Benedicto al inicio de su discurso: «No actuar según la razón, no actuar con el *logos es contrario a la naturaleza de Dios», dijo Manuel II partiendo de su imagen cristiana de Dios, respondiendo a su interlocutor persa. En el diálogo de las culturas invitamos a nuestros interlocutores a este gran logos*, a esta amplitud de la razón. Redescubrirla constantemente por nosotros mismos es la gran tarea de la universidad».

## 10. Conclusión

Estamos en presencia de una de las más grandes piezas del Magisterio de todos los tiempos. Un denso esfuerzo por recuperar a la razón y a la Teología de las tormentas del neopositivismo, del post-modernismo y de las teologías cuyos barcos se han hundido en esas aguas borrascosas. El olvido de este discurso, el manto de silencio que lo recubre, la incomprensión de sus enseñanzas son el verdadero olvido del ser humano humilde, sencillo, sabio y profundo que fue Benedicto XVI.

Volver a recordarlo, una y otra vez, será una tarea permanente.

# CAPÍTULO III

# EL DISCURSO A «LA SAPIENZA»[173]

## 1. Introducción

«Y los suyos no lo recibieron». Los NO suyos tampoco. Otra vergüenza para el Occidente secular. Ciertos profesores y alumnos no sólo proclamaron su rechazo ante la visita de Benedicto XVI, sino que incluso amenazaron con actos violentos. Pero Benedicto escribió su discurso, y la escritura subsiste a la sinrazón.

El discurso es único en su estilo. Benedicto se sitúa como un pontífice que tiene que ir a una universidad laica y explicar su papel. ¿Qué puede aportar un pontífice romano, en el 2008, a una universidad totalmente secular? Para ello Benedicto dialoga con Rawls y con Habermas (no los critica duramente, como otros católicos acostumbran; por lo demás, con Habermas había dialogado públicamente en el 2004[174])

---

[173] Discurso preparado por el Papa Benedicto XVI para el encuentro con la Universidad de Roma «La Sapienza», del 17 de Enero de 2008. https://www.vatican.va/content/benedict-xvi/es/speeches/2008/january/documents/hf_ben-xvi_spe_20080117_la-sapienza.html La visita fue cancelada del 15 de Enero.

[174] Habermas, J., y Ratzinger, J.: *Entre razón y religión*, FCE, México, 2008.

y plantea nuevamente las relaciones entre razón y fe, de un modo que adelanta sus discursos de Inglaterra y Alemania, del 2010 y del 2011 respectivamente. Veamos cómo lo hace.

## 2. Lo cristiano y lo público. El diálogo con J. Rawls

Benedicto dedica largos párrafos introductorios para decir directamente la pregunta central que él sabe que preocupa a todos: ¿qué tiene que decir un pontífice romano al lugar de «la razón»[175]? «... surge inmediatamente la objeción según la cual el Papa, de hecho, no hablaría verdaderamente basándose en la razón ética, sino que sus afirmaciones procederían de la fe y por eso no podría pretender que valgan para quienes no comparten esta fe.». Benedicto ratifica su preocupación con la conocida noción de razón pública en J. Rawls[176]. En un debate público, sobre temas que conciernen a todos los ciudadanos de una república laica, hay que recurrir a razones *que todos puedan compartir*. («Razón pública»). Las religiones, en cambio, son doctrinas metafísicas «comprensivas» que no pueden ser compartidas por todos y, por ende, no deberían formar parte del debate público: «... En este punto, por el momento, sólo quiero poner de relieve brevemente que John Rawls, aun negando a doctrinas religiosas globales el carácter de la razón «pública», ve sin embargo en su razón «no pública» al menos una razón que no podría, en nombre de una racionalidad endurecida desde el punto de vista secularista, ser simplemente desconocida por quienes la sostienen».

---

[175] Una razón que, como vimos, había devenido en violencia....Y no precisamente la que preocupaba a Manuel II el Paleólogo....

[176] Rawls, J.: *Political liberalism*, Columbia University Press, 1993.

Benedicto elabora su respuesta con el detalle acostumbrado. Primero, recuerda uno de sus remas favoritos: la fe cristiana como un iluminismo ante la razón mitológica. Segundo, recuerda el papel de la filosofía y la teología en la universidad medieval para, desde allí, retomar su diálogo con Habermas. Tercero, reelabora la noción de razón desde santo Tomás y una fructífera analogía con el Concilio de Calcedonia. Cuarto, replantea ese mismo tema en la Modernidad. Veamos esos cuatro puntos.

### 3. El Cristianismo como «disipación de la niebla de la razón mística»

No es la primera vez, como hemos visto, que Benedicto, desde sus inicios como el teólogo J. Ratzinger, nos recuerda la iluminación racional del cristianismo, esta vez referido al origen de la universidad: «... se puede decir que el impulso del que nació la universidad occidental fue el cuestionamiento de Sócrates. Pienso, por ejemplo —por mencionar sólo un texto—, en la disputa con Eutifrón, el cual defiende ante Sócrates la religión mítica y su devoción. A eso, Sócrates contrapone la pregunta: «¿Tú crees que existe realmente entre los dioses una guerra mutua y terribles enemistades y combates...? Eutifrón, ¿debemos decir que todo eso es efectivamente verdadero?» (6 b c). En esta pregunta, *aparentemente poco devota* —pero que en Sócrates se debía a *una religiosidad más profunda y más pura*, de la búsqueda del Dios verdaderamente divino—, *los cristianos de los primeros siglos se reconocieron a sí mismos y su camino*» (las itálicas son nuestras).

No creemos que insistir en eso sea reiterativo. Nunca serán suficientes las veces que se explique que el Cristianismo era verdaderamente subversivo frente a la «piedad» de las grandes mitologías (lo cual explica lo agnósticos que parecían los primeros cristianos a los romanos devotos al Imperio). Como vimos varias veces, el monoteísmo y la noción de causalidad introducida por la idea de la creación, en el Génesis, negaban los politeísmos y animismos de las mitologías antiguas. Por ello «... La comprendieron (Benedicto se refiere a la pregunta socrática) como *la disipación de la niebla de la religión mítica para dejar paso al descubrimiento de aquel Dios que es Razón creadora* y al mismo tiempo Razón-Amor. Por eso, *el interrogarse de la razón sobre el Dios más grande*, así como sobre la verdadera naturaleza y el verdadero sentido del ser humano, *no era para ellos una forma problemática de falta de religiosidad, sino que era parte esencial de su modo de ser religiosos»* (las itálicas son nuestras). O sea: la razón está implicada en el diálogo razón-fe. La auténtica religiosidad implica la racionalidad, la pregunta por la causa, por el ser, por Dios.

## 4. La verdad y el bien

Benedicto quiere llegar a la razón y la fe como guía para los criterios de justicia. Pero para eso hace, previamente, la siguiente aclaración: «... la verdad nunca es sólo teórica». ¿Cómo que no? se podrá preguntar algún lector. ¿Acaso está negando la clásica distinción aristotélica entre la teoría, que busca la verdad por la verdad misma, y la razón práctica de la ética, el arte y la *tejné*? Por supuesto que no. De ningún modo hay una negación de la dimensión esencialmente especulativa de la metafísica o de la filosofía entendida como la episteme en sus tres ramas, filosofía primera, matemática y física (en Aristóteles, que tanto influye luego en el pensamiento tomista). Lo que ocurre es que Benedicto, en tanto teólogo, está recordando la función sapiencial de la verdad: «... la verdad significa algo más que el saber: el conocimiento de la verdad *tiene como finalidad el conocimiento del bien.* Este es también el sentido del interrogante socrático: ¿Cuál es el bien que nos hace verdaderos? *La verdad nos hace buenos,* y la bondad es verdadera: este es el optimismo que reina en la fe cristiana, porque a ella se le concedió la visión del *Logos,* de la Razón creadora que, en la encarnación de Dios, se reveló al mismo tiempo como el Bien, como la Bondad misma».

Esta aclaración es esencial para el mundo actual, que sufre una escisión entre el conocimiento en tanto ciencia empírica, por un lado (y no teorética, sino tecno-ciencia) y una ética que, por influjo del post-modernismo, ya comentado, ha perdido todo fundamento. El modo de solucionar esa separación no es simplemente recordar que los progresos de la ciencia «deben usarse para el bien». El planteo es más de fondo: la distinción entre la inteligencia en tanto tal y la mera razón instrumental, como mero conocimiento de las relaciones medio-fin. El mundo actual entroniza esta última. Una persona puede tener varias carreras, varios doctorados, manejar varios idiomas, pero su saber puede ser meramente instrumental. No posee sabiduría. Pero la sabiduría no es tampoco una sola dimensión moral separada del intelecto: la inteligencia misma es sabiduría. Por ello fue muy bueno que un científico en el sentido moderno del término, Pascal, haya hablado del espíritu de fineza y de las razones del corazón, pero no del modo fideísta como se lo entiende habitualmente[177]. La razón humana está

---

[177] Para una adecuada interpretación de Pascal, ver Leocata, F.: «Pascal y la crisis de la razón», *Op. cit.,* y «Pasión e instinto en B. Pascal»: *Sapientia* 39 (1984) 37-62.

abierta al infinito, a Dios, pero para eso tiene que reconocer su propia limitación, que no es sólo en tanto NO omnisciencia, sino que debe abrirse a que la Gracia lo ilumine, para que esa capacidad de contemplación del ser no caiga en «*divertissement*»: la existencia inauténtica, la que no toma conciencia del sentido de la existencia, y vive esencialmente dis-traída, «entretenida» con su capacidad técnica sin poder hacerse las preguntas esenciales sobre el sentido de la vida. Preguntas para las cuales es esencial la función contemplativa de la razón, pero habiendo sido en cierto modo curada por la Gracia. O sea, la razón humana, sin la Gracia, es una «razón caída» que casi no puede ejercer su función más alta, la contemplación del ser y abrirse al infinito que la supera, excepto, claro, muy pocos seres humanos, tardíamente y con mezcla de error. Para decirlo más directamente: para relacionar razón y fe, el ser humano tiene que hacer metafísica en el clásico sentido del ente en tanto ente, pero para hacer y entender esa metafísica, debe estar en la bondad, *y de algún modo la gracia actual debe estar ac*tuando, y por eso el *dictum* de san Agustín: entiendo para creer y creo para entender. La clásica incapacidad del hombre actual para entender los temas metafísicos clásicos se debe a que su razón ha sido atrapada por la mera razón instrumental, y por eso es muy «capaz técnicamente», pero no sabio. La armonía razón-fe implica un círculo (hermenéutico) entre razón y fe; ninguna es primera ni segunda, sino que caminan juntas, y es en esa caminata que surge la apologética racional de la fe y con ella, toda la interpretación cristiana de las metafísicas de Platón y Aristóteles, que viven transformadas en el corazón de la fe.

## 5. Las cuatro facultades medievales y el debate con Habermas

Benedicto usa esa dimensión sapiencial de la razón, que une teoría y praxis, para situarse en un momento de la universidad medieval, con sus «cuatro disciplinas»: medicina, derecho, filosofía y teología. Las cuatro representaban una correlación debatida entre el saber y el obrar: «... De hecho, la universidad medieval, con sus cuatro Facultades, presenta esta correlación». Sabiendo a dónde va, Benedicto comienza ejemplificando con la medicina: «... Comencemos por la Facultad que, según la concepción de entonces, era la cuarta: la de medicina. Aunque era considerada más como «arte» que como ciencia, sin embargo, su inserción en el cosmos de la *universitas significaba claramente que se la situaba en el ámbito de la racionalidad, que el arte de curar estaba bajo la guía de la razón, liberándola del ámbito de la magia».* Muy importante el ejemplo: la razón humana debe ser terapéutica...

Y sigue: «... En la Facultad de derecho se plantea inevitablemente la cuestión de la relación entre praxis y teoría, entre conocimiento y obrar». Y llega a donde quería llegar: «... Pero aquí surge inmediatamente la pregunta: ¿Cómo se establecen los criterios de justicia que hacen posible una libertad vivida conjuntamente y sirven al hombre para ser bueno?». Con lo cual Benedicto salta repentinamente al s. XX. Porque luego de la casi anulación del pensamiento metafísico, por el positivismo o por el postmodernismo o por ambos, ¿cómo se establecen los criterios de justicia? ¿Por la sola fe? No. Benedicto buscará un fundamento metafísico con armonía entre la razón y la fe, PERO... Ya sabe que no es ese el camino de los influyentes Rawls y Habermas, tan importantes en lo que hasta hace poco era el fundamento más serio de un mundo postmetafísico. A Rawls va a volver. Por ahora destaca: «... Jürgen Habermas expresa, a mi parecer, un amplio consenso del pensamiento actual cuando dice que la legitimidad de la Constitución de un país, como presupuesto de la legalidad, derivaría de dos fuentes: de la participación política igualitaria de todos los ciudadanos y de *la forma razonable* en que se resuelven las divergencias políticas» (las itálicas son nuestras). En efecto, Habermas ha insistido en que para resolver los conflictos sobre la justicia en una sociedad democrática hay que recurrir a normas procedimentales, donde entra no solamente el voto sino sus normas de diálogo[178]. Las normas de diálogo no son arbitrarias; surgen de la estructura misma de la razón, y Benedicto no lo niega de ningún modo: «... Con respecto a esta «forma razonable», afirma que no puede ser sólo una lucha por mayorías aritméticas, sino que debe caracterizarse como un «proceso de argumentación sensible a la verdad»». Pero, ¿cómo evitar, en la democracia constitucional, que del diálogo se pase a la mera confrontación de intereses? «... Como sabemos, los representantes de ese «proceso de argumentación» público son principalmente los partidos en tanto responsables de la formación de la voluntad política. De hecho, sin duda buscarán sobre todo la consecución de mayorías y así se ocuparán casi inevitablemente de los intereses que prometen satisfacer. Ahora bien, esos intereses a menudo son particulares y no están verdaderamente al servicio del conjunto. La sensibilidad por la verdad se ve siempre arrollada de nuevo por la sensibilidad por los inte-

---

[178] Ver su clásico *Teoría de la acción comunicativa*, I y II, Taurus, 1992. Sobre este tema en Habermas ver Elizalde, L.: *Comunicación de masas y espacio público en Habermas*; Austral, Buenos Aires, 2003.

reses». Pero Habermas ha hablado de una «sensibilidad por la verdad» que puede superar esos intereses. Ahora bien, en esa «sensibilidad por la verdad», ¿cómo entra la fe cristiana? Ese fue precisamente su debate del 2004.

No podemos ahora resumirlo[179], pero ese debate tuvo un punto fundamental

En determinado momento, partiendo de la noción de razón pública de Rawls, sostiene Habermas que ese espacio público «... les permite (a los creyentes) influir a través de la opinión política en el conjunto de la sociedad». O sea que «... los ciudadanos secularizados, en tanto que actúan en su papel de ciudadanos del Estado, no pueden negar por principio a los conceptos religiosos su potencial de verdad, ni pueden negar a los ciudadanos creyentes su derecho a realizar aportaciones en lenguaje religioso a las discusiones públicas»[180]. Habermas está reconociendo que la «sensibilidad por la verdad» de los creyentes puede colaborar precisamente con depurar a una democracia procedimental de la contaminación de intereses antagónicos. Nada más ni nada menos.

En su larga respuesta, Ratzinger pasa revista a la larga evolución de la idea de derecho natural. Su conclusión no es triunfalista: ya no hay consenso filosófico sobre lo que sea la «naturaleza», y por ende «... no existe la fórmula universal racional o ética o religiosa en la que todos puedan estar de acuerdo y en la que todo pueda apoyarse»[181]. El mismo se pregunta entonces: ¿qué hacer entonces?

«... En lo que respecta a las consecuencias prácticas, estoy en gran medida de acuerdo con lo expuesto por el señor

---

[179] Ver *Op. cit.*
[180] *Op. cit.*, p. 32-33.
[181] Opcit., p. 52.

Habermas acerca de la sociedad postsecular, la disposición al aprendizaje y la autolimitación por ambas partes»[182]. Pero agrega dos cosas fundamentales:

a) Hay patologías de la razón y de la religión. Ambas pueden volverse fanáticas e intolerantes en su ámbito, queriendo una anular a la otra. Entonces, dice Ratzinger, «... yo hablaría de la necesidad de una relación correlativa entre razón y fe, razón y religión, que están llamadas a depurarse y redimirse recíprocamente, que se necesitan mutuamente y que deben reconocerlo frente al otro».

b) «... Esta regla básica debe concretarse en la práctica dentro del contexto intercultural de nuestro presente. Sin duda, los dos grandes agentes de esa relación correlativa son la fe cristiana y la racionalidad secular occidental». O sea, la razón y la fe en las sociedades post-metafísicas pueden expresarse de ese modo. Pero entonces, deben «escucharse» la una a la otra: «Es importante darles voz en el ensayo de una correlación polifónica, en el que ellas mismas descubran lo que razón y fe tienen de esencialmente *complementario,* a fin de que pueda desarrollarse un proceso universal de depuración en el que, al cabo, todos los valores y normas conocidos o intuidos de algún modo por los seres humanos puedan adquirir una nueva luminosidad, a fin de que aquello que mantiene unido al mundo recobre su fuerza efectiva en el seno de la humanidad».

En esta respuesta, Ratzinger le está diciendo a Habermas: la fe cristiana, como usted dice, tiene un ámbito en la razón pública, en el diálogo, de tal modo que pueda ser una voz

---

[182] chrome-extension://efaidnbmnnnibpcajpcglclefindmkaj/https://catedracesarpeon.wordpress.com/wp-content/uploads/2009/08/ratzinger-habermas-2005-temas-de-debate-dialogos-entre-la-razon-y-la-fe.pdf

complementaria cuando haya que responder a la pregunta sobre la justicia. O sea que si volvemos a la pregunta, «... *¿Cómo se establecen los criterios de justicia que hacen posible una libertad vivida conjuntamente y sirven al hombre para ser bueno?*», Ratzinger ha logrado un acuerdo con Habermas por el cual ambos reconocen y admiten que la fe tiene en la razón pública *actual* un papel *fundamental*.

## 6. Hacia una *razón pública cristiana*

### 6.1. La relación entre razón y fe en santo Tomás

Benedicto tiene despejado el camino para volver entonces a Rawls, NO sin antes hacer una audaz referencia a santo Tomás de Aquino.

Al principio, con la esperanza de que su secular audiencia lo entendiera (audiencia que no quiso ni escucharlo), Benedicto hace referencia al uso de la razón en santo Tomás.

Para ello vuelve al planteo inicial: «... entonces se hace inevitable la pregunta de Pilato: ¿Qué es la verdad? Y ¿cómo se la reconoce? Si para esto se remite a la «razón pública», como hace Rawls, se plantea necesariamente otra pregunta: ¿qué es razonable? ¿Cómo demuestra una razón que es razón verdadera?»

Entonces recuerda la misión de las facultades de teología y filosofía en esa universidad medieval de la que estaba hablando: «... *Así volvemos a la estructura de la universidad medieval. Juntamente con la Facultad de derecho estaban las Facultades de filosofía y de teología, a las que se encomendaba la búsqueda sobre el ser hombre en su totalidad* y, con ello, la tarea de mantener despierta la *sensibilidad por la verdad*. Se podría decir incluso que este es el sentido permanente y verdadero de ambas Facultades:

ser guardianes de la sensibilidad por la verdad, no permitir que el hombre se aparte de la búsqueda de la verdad. Pero, ¿cómo pueden dichas Facultades cumplir esa tarea?» (Las itálicas son nuestras.)

Agrega entonces un párrafo que plantea el tema esencial: la unión y distinción entre razón y fe: «... la teología y la filosofía forman una peculiar pareja de gemelos, en la que ninguna de las dos puede separarse totalmente de la otra y, sin embargo, cada una debe conservar su propia tarea y su propia identidad.». Entonces entra santo Tomás: «... Históricamente, es mérito de santo Tomás de Aquino –ante la diferente respuesta de los Padres a causa de su contexto histórico– el haber puesto de manifiesto la autonomía de la filosofía y, con ello, el derecho y la responsabilidad propios de la razón que se interroga basándose en sus propias fuerzas». Como se ve, Benedicto quiere aclarar ante su secular audiencia que santo Tomás era más secular que la patrística anterior: «Los Padres... habían presentado la fe cristiana como la verdadera filosofía» (la referencia a san Justino es obvia, aunque no lo cite). «... Pero luego, («luego» implica el renacimiento carolingio, primero, y el apogeo de la escolástica en el s. XIII, después) en el momento del nacimiento de la universidad, en Occidente ya no existían esas religiones, (se refiere a las míticas) sino sólo el cristianismo; *por eso, era necesario subrayar de modo nuevo la responsabilidad propia de la razón, que no queda absorbida por la fe.*» (Las itálicas son nuestras.) No está diciendo que la razón debía separarse de la fe, sino que no fuera absorbida por ella (esencial diferencia). «Ella» en ese caso ya no sería una fe cristiana, porque una fe que anule la razón es una fe que no puede dar razón de su esperanza; la fe cristiana es todo lo contrario.

Entonces explica la importancia de santo Tomás, y el enorme paso que da el aristotelismo cristiano medieval (san

Alberto, santo Tomás) al incorporar a la metafísica y la antropología de Aristóteles *interpretada desde el Cristianismo* (por eso Santo Tomás, que no leía griego, comenta directamente, *desde su horizonte cristiano*, la *traducción cristiana* de Guillermo de Moerbeke). Para eso santo Tomás leyó también las interpretaciones árabes (Averroes, Avicena) y judías (Avicebróm, Maimónides) de Aristóteles, tomando de ellas lo verdadero y dejando de lado lo no cristiano. «... A santo Tomás le tocó vivir (continúa Benedicto) en un momento privilegiado: por primera vez, los escritos filosóficos de Aristóteles eran accesibles en su integridad; estaban presentes las filosofías judías y árabes, como apropiaciones y continuaciones específicas de la filosofía griega». Lo que dice Benedicto es que el Cristianismo tuvo que encontrar «su propia razón» en medio de otras razones árabes y judías, «su propia razón aristotélica», diría yo, y lo hizo de la mano de san   Alberto y santo Tomás: «... Por eso el cristianismo, en un nuevo diálogo con la razón de los demás, con quienes se venía encontrando, tuvo que luchar por su propia racionalidad». Ahora bien, la universidad medieval ya estaba formada en la tradición de *trivium* (gramática, retórica, lógica) y el *cuadrivium*, esto es, cuatro disciplinas adicionales (aritmética, geometría, música y astronomía). La aritmética y la geometría correspondían a la filosofía de las matemáticas de Aristóteles, y la astronomía era una derivada de su física, cuya unidad se consolida en el s. II d.C. con el paradigma aristotélico-ptolemaico. La música (esto es siempre interesante) era parte de la matemática...Y lo interesante para nosotros es que ese *cuadrivium* estaba *basado* en el *trivium*. *Por eso* los medievales estudiaban *todo*, NO porque los contenidos fueran pocos, sino porque lo que hoy hacemos, monstruosamente, como una ciencia separada de sus fundamentos, ellos lo veían siempre desde sus fundamentos.

*Ese* trívium es el origen del «*bachelor in arts*» que al menos de nombre se mantiene hoy en las universidades anglosajonas. Por eso sigue diciendo Benedicto: «... La Facultad de filosofía que, como «Facultad de los artistas» —así se llamaba—, hasta aquel momento había sido sólo propedéutica con respecto a la teología, se convirtió entonces en una verdadera Facultad, en un interlocutor autónomo de la teología y de la fe reflejada en ella». O sea, nace una especie de estudio filosófico que reclama su autonomía sobre la teología. Eso es típico del s. XVI, donde surgen tendencias racionalistas que reclamaban ya una especie de filosofía separada de la filosofía. Por eso dice Benedicto: «... Aquí no podemos detenernos en la interesante confrontación que se derivó de ello». Lo que sí hace es aclarar que ese racionalismo **no** había sido el camino de santo Tomás, a pesar de las apariencias en contra (y esto es una advertencia contra ciertos tomistas actuales)[183]: «... Yo diría que la idea de santo Tomás sobre la relación entre la filosofía y la teología podría expresarse en la fórmula que encontró el concilio de Calcedonia para la cristología: la filosofía y la teología deben relacionarse entre sí «sin confusión y sin separación». Este es el camino «audaz» al que me refería. Benedicto compara la razón y la fe con las naturalezas humana y divina en la única persona de Crisanto No se confunden, pero NO se separan. En el caso de Cristo, no se separan porque hay una sola persona, Cristo; en el caso de la razón y la fe, hay un solo camino. Por eso decíamos que razón y fe caminan juntas; son las dos piernas de una sola caminata, y el caminante, que es uno solo, es esa fe que da razón de su esperanza, iniciando así

---

[183] Sobre este tema ver este poco citado pero crucial libro de Gilson: *El filósofo y la teología*, Guadarrama, Madrid, 1962.

un camino de apologética racional que culmina en su máximo desarrollo con santo Tomás de Aquino. Benedicto aprovecha el «sin confusión» para expresar lo que muchos quieren oír: «... Sin confusión» quiere decir que cada una de las dos debe conservar su identidad propia. La filosofía debe seguir siendo verdaderamente una búsqueda de la razón con su propia libertad y su propia responsabilidad; debe ver sus límites y precisamente así también su grandeza y amplitud». Pero a continuación explica el «sin separación» para *volver a explicar la armonía* entre razón y fe: «... Junto con el «sin confusión» está también el «sin separación»: *la filosofía no vuelve a comenzar cada vez desde el punto cero del sujeto pensante de modo aislado,* sino que se inserta en el gran diálogo de la sabiduría histórica, que acoge y desarrolla una y otra vez de forma crítica y a la vez dócil; pero *tampoco debe cerrarse ante lo que las religiones, y en particular la fe cristiana, han recibido y dado a la humanidad como indicación del camino».* (Las itálicas son nuestras).

Este párrafo es esencial. La filosofía, como «la luz natural de la razón», implica que un argumento de razón no tiene una premisa revelada como premisa mayor. Pero NO es así si por ello se entiende que NO tenga influencia de la fe, porque luego del cristianismo, *la racionalidad de la patrística, del renacimiento carolingio y del aristotelismo cristiano medieval consistió en apologética*: en dar razón de la esperanza, en demostrar la NO contradicción de la fe, y por ello fue lo que Gilsón llamó «filosofía cristiana»[184]. *Por eso* santo Tomás no hablaba de filosofía o de teología por separado sino de *sacra doctrina*[185], y

---

[184]  *Elementos de filosofía cristiana, Op. cit.*
[185]  Sobre este tema ver Sicouly, P., O.P.: «Sacra doctrina» en Santo Tomás de Aquino. Una opción con implicancias para la comprensión de la teología», en *Studium*, Tomo VIII, Fasc. XIV, 2005.

*por eso* santo Tomás no es igual a la metafísica racionalista pre-kantiana del s. XVIII donde la razón parecía tomarle examen a la fe. Y Ratzinger siempre fue plenamente consciente de ello, hasta advertir contra unos «*praeambula fidei*» pretendidamente autónomos, totalmente, de la fe: «... Soy de la opinión de que *ha naufragado ese racionalismo neo-escolástico que, con una razón totalmente independiente de la fe, intentaba reconstruir con una pura certeza racional los «praeambula fidei»;* no pueden acabar de otro modo las tentativas que pretenden lo mismo. Sí: tenía razón Karl Barth al rechazar la filosofía como fundamentación de la fe independiente de la fe; de ser así, nuestra fe se fundaría, al fin y al cabo, sobre las cambiantes teorías filosóficas. *Pero Barth se equivocaba cuando, por este motivo, proponía la fe como una pura paradoja que sólo puede existir contra la razón* y como totalmente independiente de ella. No es la menor función de la fe ofrecer la curación a la razón como razón; no la violenta, no le es exterior, sino que la hace volver en sí. *El instrumento histórico de la fe puede liberar de nuevo a la razón como tal, para que ella — introducida por este en el camino — pueda de nuevo ver por sí misma.* Debemos esforzarnos hacia un nuevo diálogo de este tipo entre fe y filosofía, porque ambas se necesitan recípro-camente. *La razón no se salvará sin la fe, pero la fe sin la razón no será humana*»[186] (Las itálicas son nuestras).

---

[186] Sobre la situación actual de la Fe y la teología; Encuentro con las Comisiones doctrinales de America Latina; (Guadalajara, México, 7 de mayo de 1996), https://www.vatican.va/roman_curia/congregations/cfaith/incontri/rc_con_cfaith_19960507_guadalajara-ratzinger_sp.html Esta conferencia es importantísima; les muestro sus temas: «La crisis de la teología de la liberación»; «Relativismo: la filosofía dominante»; «Relativismo en teología: la retractación de la cristología»; «El recurso a las religiones de Asia»; «Ortodoxia y ortopraxis»; «New Age»; «El pragmatismo en la vida cotidiana de la Iglesia»; «Tareas de la teología».

## 6.2. La clara referencia a J. Rawls

*Entonces* Benedicto tiene todos los elementos para lograr su cometido: responder a Rawls, *incorporando* la preocupación rawlsiana por la razón pública. ¿Cómo? Pues dado que la filosofía no comienza desde cero, sino que incorpora la influencia de la fe, esa influencia será clave cuando desde la filosofía nos preguntemos por la justicia. O sea: los ciudadanos debatiendo en la razón pública pueden legítimamente incorporar lo que su tradición religiosa les muestre, desde la armonía entre razón y fe, como una sensibilidad por la justicia. No en todo, claro: «... Ciertamente, mucho de lo que dicen la teología y la fe sólo se puede hacer propio dentro de la fe y, por tanto, no puede presentarse como exigencia para aquellos a quienes esta fe sigue siendo inaccesible.». PERO «... es verdad que la historia de los santos, la historia del humanismo desarrollado sobre la base de la fe cristiana, demuestra la verdad de esta fe en su núcleo esencial, convirtiéndola así también en una instancia para la razón pública». Observemos qué interesante. Benedicto no rechaza la noción de razón pública de Rawls, sino que está hablando en cierta medida (la expresión es nuestra) de una razón pública *cristiana,* esto es, *razones que los cristianos pueden, desde su fe, compartir con otros* (por ejemplo, la tradición de una ley natural que afirma la dignidad humana y los derechos de la persona). En ese sentido, la fe cristiana no es una doctrina comprensiva en el sentido de ser incompatible con los demás, sino una «fuerza purificadora de la razón»: una instancia que limpia a la razón de sus patologías. «... es verdad que el mensaje de la fe cristiana nunca es solamente una «*comprehensive religious doctrine*» en el sentido de Rawls, sino una fuerza purificadora para la razón misma, que la ayuda a ser más ella misma». Y entonces Benedicto resume la respuesta a Habermas y a Rawls, una respuesta que no los rechaza, sino que incorpora sus preocupaciones para que el cristianismo tenga plena carta de ciudadanía en el debate público: «... El mensaje cristiano, en virtud de su origen, debería ser siempre un estímulo hacia la verdad y, así, una fuerza contra la presión del poder y de los intereses.»

Esto es muy importante porque implica un nuevo modelo de interacción entre el católico y la vida pública. Formados en esa escolástica criticada por Ratzinger, muchos católicos intentan debatir en la arena pública desde una supuesta ley natural donde la fe no tendría nada que ver, siendo ello una errada, inútil y casi deshonesta estrategia para debatir con el no creyente. Errada, porque ya hemos visto que la filosofía de un católico es una filosofía *cristiana*, donde la fe tiene *todo que ver*. El aristotelismo de santo Tomás es un Aristóteles *interpretado desde el cristianismo*.

Inútil y casi deshonesta, porque el no creyente se da cuenta perfectamente de que el creyente no cree ni por un momento que su fe no tenga nada que ver. El creyente se desautoriza al pretender ser lo que no es.

El creyente tiene que declarar su fe, y desde allí hacer explícita esa «sensibilidad para la verdad», para ciertos temas, que el no creyente pueda compartir y entender: la defensa de la vida, de las libertades, de la sana laicidad, la crítica al laicismo, etc. Intentar presentarse como un aristotélico-escolástico sin fe es, desde luego, mejor que el postmodernismo, pero es falso...

## 7. El peligro del positivismo, de vuelta

En el final de su discurso, Benedicto vuelve sus ojos a la universidad actual. Pero luego de algunos obvios elogios a los progresos en áreas humanísticas, sociales y de ciencias naturales, hace esta advertencia: «... nunca puede decirse que el camino del hombre se haya completado del todo y que el peligro de caer en la inhumanidad haya quedado totalmente descartado, como vemos en el panorama de la historia actual. Hoy, el peligro del mundo occidental —por hablar sólo de éste— es que el hombre, precisamente teniendo en cuenta la grandeza de su saber y de su poder, se rinda ante la cuestión de la verdad. Y eso significa al mismo tiempo que la razón, al final, se doblega ante la presión de los intereses y ante el atractivo de la utilidad, y se ve forzada a reconocerla como criterio último». Es una nueva advertencia contra la sola razón instrumental, contra la cual, como hemos visto, ya habían advertido Husserl[187], por un lado, y Horkheimer y Adorno, por el otro[188]. Y también es la sola racionalidad algorítmica criticada por Kuhn[189]. O sea, una racionalidad que sólo es capaz de ver las relaciones medio-fin, hacer evaluaciones de calidad, desgajada de su función principal: la teoría, la creación de hipótesis y la visión, aunque limitada, de las esencias de las cosas en el mundo de la vida, que fuera el proyecto de la fenomenología de Husserl. Sin esa noción de racionalidad (que debe ser acompañada por la humildad de saberse «rey caído» —Pascal—) imposible es el retorno a una metafísica racional,

---

[187] *Op. cit.*
[188] *Op. cit.*
[189] En «Objetividad, juicios de valor y elección de teoría», en *La tensión esencial*, FCE, 1996.

que es precisamente el puente indispensable entre razón y fe.
Y cuando esa razón instrumental domina las ciencias sociales, estas derivan sólo en técnicas de control, denunciadas
como hemos dicho por Hayek[190], y son la fuente de la cruel
precisión milimétrica de autoritarismos y totalitarismos que
convierten a las personas en ratas de laboratorio, y a los
políticos en el frío ejecutor (con «banalidad del mal») de ese
mundo hobbesiano.

Eso es precisamente el positivismo que le preocupa a Benedicto: «... existe el peligro de que la filosofía, al no sentirse
ya capaz de cumplir su verdadera tarea, degenere en positivismo». Pero la teología, sin su apoyo racional, se reduce a
una creencia privada sin fundamento, sin ninguna relevancia
pública o social, con un valor estético, como mucho, como
el inútil jarrón que adorna una mesa. Por eso la frase citada
concluía así: «... existe el peligro de que la filosofía, al no
sentirse ya capaz de cumplir su verdadera tarea, degenere
en positivismo; que la teología, con su mensaje dirigido a
la razón, quede confinada a la esfera privada de un grupo
más o menos grande». Por ello: «... si la razón, celosa de
su presunta pureza, se hace sorda al gran mensaje que le
viene de la fe cristiana y de su sabiduría, se seca como un
árbol cuyas raíces no reciben ya las aguas que le dan vida.
Pierde la valentía por la verdad y así no se hace más grande,
sino más pequeña. Eso, aplicado a nuestra cultura europea,
significa: si quiere sólo construirse a sí misma sobre la base
del círculo de sus propias argumentaciones y de lo que en
el momento la convence, y, preocupada por su laicidad, se
aleja de las raíces de las que vive, entonces ya no se hace

---

[190]   Ver también «Scientism and The Study of Society», en *The Counter-Revolution of Science, Studies on The Abuse of Reason*, LibertyPress, 1979.

más razonable y más pura, sino que se descompone y se fragmenta». Esa «sordera» de la razón significa: no advertir que nunca comienza de un punto cero, sino de una tradición con fuentes religiosas. Y no cualquiera: la fe cristiana y la sabiduría (la contraposición de la mera racionalidad instrumental, concomitante con la existencia inauténtica). Y entonces esa razón termina como un árbol sin raíces que se seca y muere (como esa Europa sin raíces cristianas que él denunciara con Marcello Pera). Y eso aplica a toda Europa, que, preocupada por su laicidad, que no es mala, puede degenerar en laicismo y quedarse sin ese estado laico cristianamente inspirado, *que es lo que está ocurriendo en este mismo momento*. Europa está a punto de desaparecer. Está siendo invadida porque su propio postmodernismo la vació.

## 8. La conclusión de Benedicto

Con lo cual Benedicto vuelve a su punto de partida. ¿Qué tiene que decir un Papa católico en una universidad laica? Obviamente, «… no debe tratar de imponer a otros de modo autoritario la fe, que sólo puede ser donada en libertad». Lo que debe hacer es mantener despierta la llama por esa sensibilidad por la verdad: «… Más allá de su ministerio de Pastor en la Iglesia, y de acuerdo con la naturaleza intrínseca de este ministerio pastoral, tiene la misión de mantener despierta la sensibilidad por la verdad; invitar una y otra vez a la razón a buscar la verdad, a buscar el bien, a buscar a Dios; y, en este camino, estimularla a descubrir las útiles luces que han surgido a lo largo de la historia de la fe cristiana y a percibir así a Jesucristo como la Luz que ilumina la historia y ayuda a encontrar el camino hacia el futuro».

## 9. Conclusión general

La importancia de este discurso es fundamental. Resumamos:

a) Ha replanteado nuevamente las relaciones entre la razón y la fe, con importantes aportes sobre la interpretación de santo Tomás de Aquino.

b) Ha denunciado el positivismo y la sola razón instrumental, al mejor estilo de Husserl y la escuela de Frankfurt (denuncia a la cual se sumaron autores como Popper, Kuhn, Feyerabend, Hayek, Mises). De todos estos autores, sin embargo, sólo Husserl fue a la raíz del conocimiento humano, y por ello su fenomenología es totalmente compatible con la filosofía cristiana, como lo han hecho Edith Stein[191] y Francisco Leocata[192]).

c) Ha establecido una línea de diálogo con la razón dialógica de Habermas y la noción de razón pública de Rawls, y desde allí ha elaborado una noción de razón pública cristiana que es esencial para la participación política de los católicos en la vida pública (participación a la cual pueden sumarse todos los creyentes de las religiones abrahámicas que se abran a la sana laicidad y la libertad religiosa).

Por eso mismo, el olvido de este discurso, sobre todo en el catolicismo, es gravísimo.

---

[191] *Ser finito y ser eterno*, FCE, 1996.

[192] De Leocata y su diálogo Santo Tomás-Husserl, ver: *Persona, lenguaje, realidad*, Buenos Aires, EDUCA, 2003; *Estudios sobre fenomenología de la praxis*, Buenos Aires, Centro Salesiano de Estudios, 2007; *Filosofía y ciencias humanas. Para un nuevo diálogo interdisciplinario*, Buenos Aires, EDUCA, 2010.

# Capítulo IV

# EL DISCUSO ANTE EL PARLAMENTO BRITÁNICO[193]

## 1. Introducción

Cómo han cambiado los tiempos, dos veces. Cómo habían cambiado los tiempos para que un Pontífice católico hablara nada menos que en el centro de lo que había sido una Inglaterra anglicana donde los católicos habían estado prohibidos de la vida política hasta bien avanzado el s. XIX; una Inglaterra que, sin embargo, era totalmente católica si no hubiera sido por el capricho de Enrique VIII. Pero cómo han cambiado los tiempos desde 2010 en adelante, porque ahora, en el 2025, en sólo 15 años, en la cuna de la libertad y del *common law*, perdieron ya su libertad no sólo los católicos, sino todo aquel que se atreva a reclamar sus libertades individuales básicas.

Libertades individuales que, sin embargo, constituyen uno de los dos temas centrales de este discurso: la democracia pluralista y la Doctrina Social de la Iglesia, por un lado, y, de vuelta, «cómo se decide lo que es justo» en una sociedad secular.

[193] *Discurso del Santo Padre Padre Benedicto XVI con representantes de la sociedad británica*, del 17 de Septiembre de 2010, al Westminster Hall – City of Westminster, https://www.vatican.va/content/benedict-xvi/es/speeches/2010/september/documents/hf_ben-xvi_spe_20100917_societa-civile.html

## 2. El sistema político inglés y las libertades individuales

Como hemos aclarado ya muchas veces, el Magisterio Pontificio, a pesar de las confusiones al respecto, no puede *sacralizar* ningún sistema político *contingente*. Pero puede «acompañar», esto es, declarar como *no contradictorio* a algo con la ética católica, al mismo tiempo que señala, *sin obligar a nadie a pensar así*, las bases judeocristianas de una determinada evolución jurídica y política.

Ese es el caso.

«... Permítanme expresar igualmente mi estima por el Parlamento, presente en este lugar desde hace siglos y que ha tenido una profunda influencia en el desarrollo de los gobiernos democráticos entre las naciones, especialmente en la *Commonwealth y* en el mundo de habla inglesa en general. Vuestra tradición jurídica —«common law»— sirve de base a los sistemas legales de muchos lugares del mundo, y vuestra visión particular de los respectivos derechos y deberes del Estado y de las personas, así como de la separación de poderes, siguen inspirando a muchos en todo el mundo».

Esto es totalmente coherente con su discurso del 22 de diciembre de 2005, el primero que analizamos, cuando dijo «... La gente se daba cuenta de que la revolución americana había ofrecido un modelo de Estado moderno diverso del que fomentaban las tendencias radicales surgidas en la segunda fase de la revolución francesa»[194].

---

[194] Vuelvo a decir que es muy curioso el sujeto de esta oración. No sé, ni nunca sabremos, a qué gente se refería Benedicto, porque en general la gente NO se dio cuenta casi nunca de esta distinción. **Benedicto XVI, Ratzinger, es el que se dio cuenta**, junto con Hayek y los que estamos de acuerdo con Hayek en eso.

Curiosamente, es lo mismo que dice Winston Churchill en el prefacio de su *Historia de Inglaterra y de los pueblos de habla inglesa*[195]: «... A diferencia del resto de Europa Occidental, que retiene aún la impronta y tradición del derecho y sistema de gobierno romanos, los pueblos de habla inglesa han formado, al terminar el período a que se refiere este volumen, un cuerpo de principios legales y casi diríamos democráticos que sobrevivieron al surgimiento y acometidas de los imperios francés y español. El parlamento, el juicio por jurados, el gobierno local por ciudadanos locales y hasta los comienzos de la prensa libre se divisan ya, siquiera en forma primitiva, en los tiempos en que Cristóbal Colón se hace a la vela rumbo al continente americano»[196].

Como vemos, muy similar al ya citado cap. 11 de *Los fundamentos de la libertad*, de Hayek[197], donde describe la evolución del *common law* británico como el origen de las libertades y garantías individuales.

Por supuesto, no podía faltar el homenaje a santo Tomás Moro como ejemplo histórico de la fidelidad de un político cristiano a su propia conciencia, una conciencia que no sólo le exigió ser fiel al catolicismo, sino también al sistema político que estaba siendo inspirado en el cristianismo, que se rompe con la instauración de una religión de estado, como fue el anglicanismo: «... Al hablarles en este histórico lugar, pienso en los innumerables hombres y mujeres que durante siglos han participado en los memorables acontecimientos vividos entre estos muros y que han determinado las vidas de muchas generaciones de británicos y de otras muchas personas. En

---

[195] Peuser, Buenos Aires, 1958.
[196] *Op. cit.*, p. 23.
[197] *Op. cit.*

particular, quisiera recordar la figura de santo Tomás Moro, el gran erudito inglés y hombre de Estado, quien es admirado por creyentes y no creyentes por la integridad con la que fue fiel a su conciencia, incluso a costa de contrariar al soberano de quien era un «buen servidor», pues eligió servir primero a Dios. *El dilema que afrontó Moro en aquellos tiempos difíciles, la perenne cuestión de la relación entre lo que se debe al César y lo que se debe a Dios, me ofrece la oportunidad de reflexionar brevemente con ustedes sobre el lugar apropiado de las creencias religiosas en el proceso político»* (las itálicas son nuestras).

Y así llega Benedicto al tema de las libertades, tan delicado en el Catolicismo: «... La tradición parlamentaria de este país debe mucho al instinto nacional de moderación, al deseo de alcanzar un genuino equilibrio entre las legítimas reivindicaciones del gobierno y los derechos de quienes están sujetos a él. Mientras se han dado pasos decisivos en muchos momentos de vuestra historia para delimitar el ejercicio del poder, las instituciones políticas de la nación se han podido desarrollar con un notable grado de estabilidad. En este proceso, Gran Bretaña se ha configurado como una democracia pluralista *que valora enormemente la libertad de expresión, la libertad de afiliación política y el respeto por el papel de la ley, con un profundo sentido de los derechos y deberes individuales y de la igualdad de todos los ciudadanos ante la ley.* Si bien con otro lenguaje, la Doctrina Social de la Iglesia tiene mucho en común con dicha perspectiva, en su preocupación primordial por la protección de la dignidad única de toda persona humana, creada a imagen y semejanza de Dios, y en su énfasis en los deberes de la autoridad civil para la promoción del bien común». (Las itálicas y las negritas son nuestras.)

La importancia de este párrafo, en la evolución de la Doctrina Social de la Iglesia, es fundamental.

Como se habrá visto por lo que comentamos en su momento, en el discurso del 2005, los tiempos del Magisterio, desde Gregorio XVI y Pío IX, también han cambiado. Si no fuera por las aclaraciones de Benedicto sobre continuidad en lo esencial y reforma en lo contingente, cualquiera podría ver una contradicción en lo esencial. Cuando Gregorio XVI y Pío IX se enfrentaron con el iluminismo y el ala radical de la Revolución Francesa, no pudieron ver esta cuestión. Sí, podrían haber visto la diferencia entre *el common law*, EEUU y la Revolución Francesa, pero el Magisterio también tiene sus procesos de evolución. Ya en su momento, Lacordaire, Montalembert y Lamennais intentaron mostrar a Gregorio XVI lo cristiano de las libertades, pero fracasaron[198]. Lacordaire y Montalembert obedecieron, y Lamennais, posiblemente debido a una defectuosa teología, no. Rosmini, como hemos visto, también intentó hacer lo mismo con Pío IX, redactando una Constitución para Italia que, de haber sido aceptada por Pío IX, hubiéramos tenido otro mundo paralelo muy diferente a lo que luego fue el enfrentamiento entre la *Quanta cura* y el *Risorgimento*, la cuestión romana y todo lo que siguió[199]. El que sí se dio cuenta de todo esto fue León XIII, a quien ya nos hemos referido en su momento: con su carta *Longinqua oceani*, su distinción entre tesis e hipótesis y su recordatorio de la distinción de esferas entre lo estatal y lo eclesial[200], planteó

---

[198] Sobre este tema, ver Serrano Redonet, D.: «El liberalismo católico francés en el s. XIX y la Doctrina Social de la Iglesia», en Instituto Acton, https://institutoacton.org/2021/07/15/el-liberalismo-catolico-frances-en-el-siglo-XIX-y-la-doctrina-social-de-la-iglesia-diego-serrano-redonnet/ Otra referencia puede encontrarse en Romero Carranza, A.: *Ozanam y sus contemporáneos*, Difusión, Buenos Aires, 1976, parte segunda.

[199] Hemos reseñado este tema en *Judeo-Cristianismo.... Op. cit.*

[200] *Op. cit.*

las bases que luego pudieron ser citadas por Pío XII y Juan XXIII, ya en otra circunstancia histórica. Por eso dice Benedicto XVI «con otro lenguaje». El Magisterio nunca se había referido tan claramente como Benedicto XVI a las libertades individuales[201]: las fue acompañando progresivamente o las dio por implícitas. Hubo tal vez varios momentos clave al respecto. Como dijimos, un punto clave es Pío XII, que ya en otra circunstancia, previendo la organización constitucional de Europa después de la Segunda Guerra, afirmaba, en 1942: «... Quien desea que la estrella de la paz aparezca y se detenga sobre la sociedad» contribuya por su parte a devolver **a la persona humana la dignidad que Dios le concedió desde el principio**; opóngase a la excesiva aglomeración de los hombres, casi a manera de masas sin alma; a su inconsistencia económica, social, política, intelectual y moral; a su falta de sólidos principios y de fuertes convicciones; a su sobreabundancia de excitaciones instintivas y sensibles y a su volubilidad; favorezca, con todos los medios lícitos en todos los campos de la vida formas sociales que posibiliten y garanticen una plena responsabilidad personal tanto en el orden terreno como en el eterno; **apoye el respeto y la práctica realización de los siguientes derechos fundamentales de la persona**: el derecho a mantener y desarrollar la vida corporal, intelec-

---

[201] Pero no fue extraño que Benedicto lo hiciera. Como teólogo privado, ya había dicho: «...se contrapone una fuerte corriente metafísica, que en la actualidad precisamente adquiere nuevo e importante vigor. Me refiero al tríptico de los derechos fundamentales: vida, libertad, propiedad, descriptos y justificados por John Locke en su *Segundo Tratado sobre el gobierno* (1690). En la perspectiva están la *Magna charta* y el *Bill of Rights*, y, por último, la tradición del derecho natural. Aquí se reclama de modo bastante claro la prioridad del derecho de la persona en contraposición a las disposiciones jurídicas positivas del estado». En *Iglesia y Modernidad*, Paulinas, Buenos Aires, 1992, cap. 2.

tual y moral, y particularmente el derecho a una formación y educación religiosa; el derecho al culto de Dios privado y público, incluida la acción caritativa religiosa; el derecho, en principio, al matrimonio y a la consecución de su propio fin, el derecho a la sociedad conyugal y doméstica; el derecho de trabajar como medio indispensable para el mantenimiento de la vida familiar; el derecho a la libre elección de estado; por consiguiente, también del estado sacerdotal y religioso; el derecho a un uso de los bienes materiales consciente de sus deberes y de las limitaciones sociales.»[202]

Otro momento fundamental fue la *Pacem in terris* de Juan XXIII. No de casualidad citando a Pío XII, afirma ya al inicio de la encíclica: «... En toda convivencia humana bien ordenada y provechosa hay que establecer como fundamento el principio de que todo hombre es persona, esto es, naturaleza dotada de inteligencia y de libre albedrío, y que, por tanto, el hombre tiene por sí mismo derechos y deberes, que dimanan inmediatamente y al mismo tiempo de su propia naturaleza. Estos derechos y deberes son, por ello, *universales e inviolables y no pueden renunciarse por ningún concepto*»[203]. (las itálicas son nuestras).

Y por supuesto, está la declaración de libertad religiosa del Vaticano II: «... Este Concilio Vaticano declara que la persona humana tiene derecho a la libertad religiosa. Esta libertad consiste en que todos los hombres han de estar inmunes de coacción, tanto por parte de individuos como de grupos sociales y de cualquier potestad humana, y esto de tal manera

---

[202] Discuso *Con sempre*, https://w2.vatican.va/content/pius-xii/es/speeches/1942/documents/hf _p-xii_spe_19421224_radiomessage-christmas. html. Las negritas son nuestras.

[203] https://www.vatican.va/content/john-xxiii/es/encyclicals/documents/hf_j-xxiii_enc_11041963_pacem.html

que, en materia religiosa, ni se obligue a nadie a obrar contra su conciencia, ni se le impida que actúe conforme a ella en privado y en público, solo o asociado con otros, dentro de los límites debidos. Declara, además, que *el derecho a la libertad religiosa está realmente fundado en la dignidad misma de la persona humana, tal como se la conoce por la palabra revelada de Dios y por la misma razón natural.* Este derecho de la persona humana a la libertad religiosa ha de ser reconocido en el ordenamiento jurídico de la sociedad, de tal manera que llegue a convertirse en un derecho civil»[204] (las itálicas son nuestras).

El reconocimiento de la libertad religiosa es fundamental, porque desde un punto de vista conceptual, *es la madre de las demás libertades*[205]. **Si** hay derecho a la libertad religiosa, **entonces** hay derecho a la libertad de expresión y de enseñanza, porque estas dos últimas están *necesariamente implicadas en el derecho a la ausencia de coacción sobre la conciencia.* Y *por eso fue tan importante* el discurso del 22 de diciembre del 2005, para explicar la continuidad en lo esencial con el magisterio anterior. Sin las aclaraciones de Benedicto XVI, todo el Vaticano II queda flotando en un limbo de incertidumbre doctrinal, que era lo que de hecho sucedía y sigue sucediendo con quienes no logren comprender tales aclaraciones.

---

[204]   *Op. cit.Op. cit.*

[205]   Por eso fue *lamentablemente coherente* lo que les ocurrió a Lacordaire, Montalembert y Lammenais con Gregorio XVI. La preocupación de este último era el avance de las repúblicas laicistas (laicismo, no laicidad) del racionalismo del ala radical de la Revolución *contra* las tradiciones religiosas anteriores. En ese contexto veía la libertad de cultos, la separación de Iglesia y Estado y «los derechos del hombre y del ciudadano». Lacordaire et alia le hablaban de un planeta totalmente alejado de su órbita, y de un tiempo que no era el suyo. Pero ahora es el nuestro.

Adicional y coherente con esto último, es que nunca como en este discurso un pontífice católico había sido tan claro sobre las libertades individuales («... *libertad de expresión, la libertad de afiliación política y el respeto por el papel de la ley, con un profundo sentido de los derechos y deberes individuales, y de la igualdad de todos los ciudadanos ante la ley»).* Al respecto, dos aclaraciones:

– En este caso ya no se trata del «acompañamiento» de un tema en sí mismo opinable, como son las formas de gobierno. El respeto a la dignidad humana (tengo que aclarar que eso implica estar creado a imagen y semejanza de Dios, porque aún quedan quienes consideran que la noción de dignidad es una noción iluminista incompatible con la tradición católica...) y sus exigencias, esto es, los derechos personales, no es una forma de gobierno, no es una cuestión contingente. Es un principio de la ética social de la Doctrina Social de la Iglesia; lo mismo que la primacía del bien común, subsidiariedad o función social de la propiedad[206].

– Por el mismo motivo, estas libertades, desde ese nivel, deben ser afirmadas *in abstracto. In concreto,* esto es, en cuanto a sus *alcances, límites y evolución jurídica,* también es un tema opinable, que muy prudentemente Benedicto ubica en la evolución del *common law* británico, evolución que justo en este caso sufrió un quiebre por el accidente histórico llamado anglicanismo, un capricho de Enrique VIII que implicó una religión de estado totalmente contraria a la tradición liberal clásica, que afortunada y coherentemente fue dejado de lado en la tradición constitucionalista norteamericana.

---

[206] Que yo no sólo *nunca* negué, sino que los afirmé desde el inicio de mis textos sobre estos temas (ver *Economía de mercado y Doctrina Social de la Iglesia,* cuya primera edición es de 1985).

## 3. De vuelta: ¿cómo conocemos lo que es justo?

Coherentemente, Benedicto sigue desarrollando su noción de razón pública cristiana, que había desarrollado en sus diálogos con Rawls y Habermas. El parlamento británico, y luego el alemán al año siguiente, serán los lugares ideales para ello. Primero la pregunta central: «... *¿Dónde se encuentra la fundamentación ética de las deliberaciones políticas?*». *Luego*, una primera respuesta que merece una aclaración: «... La tradición católica mantiene que las normas objetivas para una acción justa de gobierno son accesibles a la razón, prescindiendo del contenido de la revelación». «... prescindiendo del contenido de la revelación» NO es incompatible con lo desarrollado en el capítulo anterior; se refiere a que el cristianismo (y especialmente el católico) no es un sistema cultural *integrista* del cual se desprenda *directamente* un ordenamiento jurídico del contenido de la Revelación. Lo desarrollará de vuelta en el discurso al parlamento alemán.

Por ahora, Benedicto insiste en lo que la religión no debe ser, y lo que el catolicismo NO es:

a) «... Menos aún proponer soluciones políticas concretas, algo que está totalmente fuera de la competencia de la religión». El famoso tema del nivel contingente y opinable de las cuestiones temporales[207], tema tan difícil de entender ante una pléyade de creyentes que, por izquierda o por derecha,

---

[207] Remito a mi art. «John Finnis y su análisis de lo opinable dentro del magisterio social», Julio 2022, en Instituto Acton, https://institutoacton.org/2022/07/11/john-finnis-y-su-analisis-de-lo-opinable-dentro-del-magisterio-social-gabriel-zanotti/ , y Gregg, S.: «A Lost Opportunity: The Compendium of the Social Doctrine of the Church-A Review Essay» en *Journal of Markets & Morality* 9, no. 2 (Fall 2006): 261-276.

querrían que la Doctrina Social de la Iglesia fuera un conjunto de propuestas concretas, como si fuera «el partido político católico». No: son principios éticos *generales* que inspiran la acción *de los laicos*, quienes los tienen que *aplicar*, por medio de la *prudencia*, a los casos *concretos*, sumando a ello la mediación de ciencias sociales que *también* tienen autonomía relativa en relación con la Revelación.

b) «... no es tanto proporcionar dichas normas, como si no pudieran conocerlas los no creyentes». O sea, la religión NO proporciona directamente las normas objetivas de la acción justa, como si fueran *en sí mismas* inaccesibles a cualquier no creyente de buena voluntad (decimos «en sí mismas» porque, por el lado del corazón humano herido por el pecado, son difíciles de conocer).

¿Cuál es entonces su papel?
«... Su papel consiste más bien en ayudar a purificar e iluminar la aplicación de la razón al descubrimiento de principios morales objetivos». Esto es, el diálogo razón-fe ilumina y cura a la razón humana de sus dificultades por ser, como diría Pascal, un «rey caído». Sin embargo... .«... Este papel «corrector» de la religión respecto a la razón no siempre ha sido bienvenido, en parte debido a expresiones deformadas de la religión, tales como el sectarismo y el fundamentalismo, que pueden ser percibidas como generadoras de serios problemas sociales». Esto es, cuando la religión incurre en sus patologías, esto es, el fanatismo, el integrismo, el pensamiento mágico, *deja de cumplir ese papel purificador*, porque cede a la tentación de violencia que tanto preocupaba al ahora famoso Manuel II el Paleólogo. Es interesante, en este sentido, que autores como Oscar Pfister[208]

---

[208]  Pfister, O., y Freud, S.: *Correspondencia*, FCE, 1966.

y Paul Ricoeur[209] hayan aclarado, desde horizontes diferentes, que el dios que critica Freud[210] es el dios de los hombres, no el verdadero del cristianismo. En efecto, Freud tiene razón cuando critica al pensamiento mágico; el «pequeño detalle» es que lo hace como si fuera la religión en sí misma, cuando esta última es «yo para Dios», mientras que el pensamiento mágico es «Dios para mí». Cabe reconocer, sin embargo, que la mayoría de los creyentes de todas las religiones confunden la religión con el pensamiento mágico, y que la pastoral de la mayoría de los obispos católicos, tan preocupados por temas temporales, ha descuidado esta cuestión esencial.

Pero no es solamente la religión la que purifica a la razón, sino también esta última a la religión, y eso es lo que ocurre cuando la razón se deja elevar a su máxima potencialidad por la Gracia. «... Se trata de un proceso en doble sentido», aclara Benedicto: «... dichas distorsiones de la religión surgen cuando se presta una atención insuficiente al papel purificador y vertebrador de la razón respecto a la religión». Y a su vez, «... Sin la ayuda correctora de la religión, la razón puede ser también presa de distorsiones». ¿Cuáles son esas distorsiones? «... cuando es manipulada por las ideologías o se aplica de forma parcial en detrimento de la consideración plena de la dignidad de la persona humana. Después de todo, dicho *abuso de la razón* fue lo que provocó la trata de esclavos en primer lugar y otros muchos males sociales, en particular *la difusión de las ideologías totalitarias del siglo XX*» (las itálicas son nuestras). Nuevamente, está criticando Benedicto a la sola

---

[209] Ver «El psicoanálisis y el movimiento de la cultura contemporánea», en *El conflicto de las interpretaciones*, FCE, 2033.
[210] «El porvenir de una ilusión», en *Sigmund Freud, Obras Completas*, Buenos Aires, El Ateneo, 2008.

razón instrumental, al «abuso de la razón», que no de casualidad es el subtítulo de una de las colecciones de ensayos más importantes de Hayek, el gran crítico del «constructivismo»: *The Counter-Revolution of Science, studies on the abuse of reason*[211] (las negritas son nuestras).

«... Por eso deseo indicar (remarca) que el mundo de la razón y el mundo de la fe −el mundo de la racionalidad secular y el mundo de las creencias religiosas− necesitan uno de otro y no deberían tener miedo de entablar un diálogo profundo y continuo, por el bien de nuestra civilización». Se refiere precisamente a ese diálogo entre razón y fe en la sociedad secular, punto en el cual él y Habermas se habían puesto de acuerdo en 2004.

## 4. Laicidad, no laicismo

Aclaradas las interacciones entre la fe y la razón para la construcción de una sociedad justa, Benedicto está en condiciones de criticar un laicismo que quiere reducir la fe a una vida privada sin ninguna influencia en la vida pública. Obviamente, como se desprende de todo lo que estamos viendo, de ningún modo pide que la religión sea una fuente directa del derecho, pero sí que se reconozca que es fuente indirecta. O sea, como decía M. Novak[212], la cultura judeocristiana es el marco moral-cultural sin el cual el Estado de Derecho no se hubiera desarrollado en Occidente.

«… no puedo menos que manifestar mi preocupación por la creciente marginación de la religión, especialmente del cris-

---

[211]   *Op. cit.*
[212]   *Op. cit.*

tianismo, en algunas partes, incluso en naciones que otorgan un gran énfasis a la tolerancia. Hay algunos que desean que la voz de la religión se silencie, o al menos que se relegue a la esfera meramente privada».

Y da ejemplos: «... Hay quienes esgrimen que la celebración pública de fiestas como la Navidad debería suprimirse según la discutible convicción de que esta Esta ofende a los miembros de otras religiones o de ninguna. Y hay otros que sostienen —paradójicamente con la intención de suprimir la discriminación— que a los cristianos que desempeñan un papel público se les debería pedir a veces que actuaran contra su conciencia».

La situación hoy (15 años después), como todos sabemos, ha empeorado. Diversos grupos de presión han logrado que se conviertan en delitos de odio y discriminación la sola profesión pública de la fe o de actuar conforme a la conciencia. La sola afirmación de la doctrina católica de la sexualidad es considerada «odio». Más allá de que yo considere que no debe haber delito de odio, o que el odio no es judiciable[213] y que la pretensión de lo contrario pone en serio riesgo a la libertad de expresión (tentación de la cual no están exentas ni la izquierda ni la derecha), la cuestión es que la afirmación de la ley natural en la sexualidad no es odiar a nadie. *Una cosa es condenar la conciencia subjetiva de alguien,* y eso va en contra de todo un magisterio que ha aclarado la diferencia entre la acción mala en sí misma y la conciencia subjetiva[214], sólo

---

[213]  El tema es en este momento (2025) especialmente delicado. Ver Rushmore, J.: Does the First Amendment Apply to «Hate Speech»? Sep 26, 2025 en The Independent Institute, https://www.independent.org/article/2025/09/26/does-the-first-amendment-apply-to-hate-speech/

[214]  Ver al respecto *Veritatis splendor*, 1993: https://www.vatican.va/content/john-paul-ii/es/encyclicals/documents/hf_jp-ii_enc_06081993_veritatis-splendor.html

reservada a Dios, *y otra cosa es afirmar «tal cosa está objetivamente mal», sin referirse a nadie en particular.* Esto último no es odiar. Y eso con todo, no solamente con la sexualidad.

De igual modo, el derecho a la libre asociación y la libertad religiosa implican que hay acciones que el católico tiene todo el derecho a no realizar, de igual modo que el no creyente tiene el derecho a lo contrario. Los servicios de salud católicos tienen todo el derecho a no practicar abortos ni repartir preservativos, y de igual modo un establecimiento educativo católico tiene todo el derecho a no contratar personal que vaya en contra de la fe. ¿Es eso discriminar? Puede ser; el término es discutible; es sencillamente el derecho a ser coherente con la propia conciencia. Convertir esas acciones en delitos es contrario al derecho a la libertad religiosa. Y por eso concluye Benedicto, aunque en el 2010 la situación no era tan grave: «… Estos son signos preocupantes de un fracaso en el aprecio no sólo de los derechos de los creyentes a la libertad de conciencia y a la libertad religiosa, sino también del legítimo papel de la religión en la vida pública».

Por eso este discurso es tan importante. Los católicos en general no han internalizado el discurso de las libertades como la clave para su acción política. Nosotros debemos reclamar nuestras libertades por ser ciudadanos, no por ser católicos. Tenemos libertades porque, como se dijo en 1776, hemos sido creados libres e iguales por Dios con los derechos personales que se derivan de la condición humana. Pero no, los católicos, en general, no terminamos de internalizar algo tan simple. Tenemos actualmente la tendencia a integrar colectivos nacionalistas —comprensible tentación ante el totalitarismo de la ONU— que reclaman los derechos «de los creyentes»[21], lo cual retroalimenta al discurso contrario que reivindica los derechos de supuestos colectivos explotados. Pero no, no debemos reclamar derechos por ser creyentes o católicos, *sino por ser seres humanos* y al mismo tiempo, coherentemente, debemos defender las mismas libertades para todos. Sólo así ganaremos autoridad moral ante los no creyentes que vuelven a decirnos que defendemos la libertad sólo cuando la perdemos, lo cual, lamentablemente, en la mayoría de los casos, es así.

## 5. Conclusión general

Ante el autoritarismo creciente de la ONU y de la mayoría de los Estados europeos, más los principales líderes del partido demócrata norteamericano, ha surgido una resistencia nacionalista-religiosa que ha olvidado, o no ha tenido nunca en cuenta, la tradición de las libertades individuales. Muchos católicos se suman comprensiblemente a esos movimientos, pero por los motivos expuestos, se desautorizan. *Las libertades individuales* son el camino para recuperar la influencia pública de la Fe.

Por eso, un discurso como este es una rara avis dentro de los ambientes creyentes. Como tantas cosas de Benedicto XVI, no fue comprendido, aunque ciertos sectores intelectualizados de la izquierda y la derecha católica (tanto teólogos de la liberación como la mayoría de los integrantes de la FSSPX) lo entendieron, pero por eso lo silenciaron: porque, en el fondo, era un liberal clásico, partidario del Estado de Derecho, el *common law*, los análisis de Tocqueville y la Declaración de la Independencia.

---

[215] Es la actitud habitual de muchos «infuencers» católicos de derecha en las redes sociales.

Nada de eso, por supuesto, forma parte de principios permanentes de la Doctrina Social de la Iglesia (*ojalá dijeran lo mismo los que la politizan todo el tiempo*). Pero la dignidad humana y sus derechos ante el poder, in abstracto, sí.

# Capítulo V

# EL DISCURSO ANTE
# EL PARLAMENTO ALEMÁN[216]

## 1. Introducción

Un año más tarde, Benedicto vuelve sobre los mismos temas en uno de los lugares más queridos, para él, de su amada Europa: su patria. Nada más ni nada menos que Alemania, la tierra de san Alberto, Kant, Husserl, Gadamer y... Joseph Ratzinger.

En esta ocasión, Benedicto volverá a hacer su pregunta central, sobre cómo reconocemos lo que es justo, concentrándose en el Estado de Derecho, su evolución, la ley natural y cómo volver a hablar de esta última en el mundo actual (si es que el mundo del 2011 es el actual). Aprovechará para eso una de las circunstancias históricas más trágicas de la humanidad, el nazismo. Veamos cómo lo hace.

---

[216] Discurso de Benedicto XVI al Parlamento Federal Alemán del 22 de Septiembre de 2011; https://www.vatican.va/content/benedict-xvi/es/speeches/2011/september/documents/hf_ben-xvi_spe_20110922_reichstag-berlin.html

163

## 2. El Estado Liberal de Derecho y su diferencia con una banda de ladrones

Para no despertar elogios o críticas infundados, debemos hacer una aclaración terminológica que ya habíamos hecho en su momento[217]. El original alemán dice: «... *des freiheitlichen Rechtsstaats*», que según Fr. Pablo Sicouly, O.P., debería traducirse como «... del estado de derecho que respeta la libertad»; o «del estado de derecho basado en principios de libertad». *(Freiheit*: libertad). Si quisiera haber dicho «liberal» en el sentido del liberalismo clásico podría haber dicho «*des liberalen Rechtsstaats*», pero NO usó esa expresión. Es interesante que la versión inglesa diga «...*Reflections on the Foundations of Law*», y «estado liberal de derecho», en la traducción española, en la inglesa aparece como «...*a free state of law*». Para las traducciones referidas, véase: http://www.vatican.va/holy_father/ benedict_xvi/speeches/2011/september/documents/hf_ben-xvi_spe_20110922_reichstag-berlin_en.html. Pero «Law», creemos, en la tradición anglosajona, se refiere al *rule of law* y también al *common law*, que son el «estado de derecho» de la tradición «*classical liberal*» anglosajona que rescata Hayek. Sobre la versión alemana, dejamos a los expertos en el idioma de Goethe el debate; sobre la versión inglesa, estamos seguros; y desde el punto de vista conceptual, ya hemos opinado que el horizonte desde donde piensa Ratzinger es el liberalismo clásico anglosajón.

Decimos esto porque Benedicto va a este tema desde el principio: «... Desde mi responsabilidad internacional, quisiera proponerles algunas consideraciones sobre los fundamentos del estado liberal de derecho».

---

[217] En *Estado liberal de derecho y laicidad, Op. cit.*

Pero inmediatamente recuerda lo que Salomón le pide a Dios: «... Permítanme que comience mis reflexiones sobre los fundamentos del derecho con un breve relato tomado de la Sagrada Escritura. En el primer Libro de los Reyes, se dice que Dios concedió al joven rey Salomón, con ocasión de su entronización, formular una petición. ¿Qué pedirá el joven soberano en este momento tan importante? ¿Éxito, riqueza, una larga vida, la eliminación de los enemigos? No pide nada de todo eso. En cambio, suplica: «Concede a tu siervo un corazón dócil, para que sepa juzgar a tu pueblo y distinguir entre el bien y mal» (*1 R* 3,9). Salomón no le pide éxito económico o militar, sino un corazón sensible para la justicia. Esto es importante porque... . «... El éxito puede ser también una seducción y, de esta forma, abre la puerta a la desvirtuación del derecho, a la destrucción de la justicia». Y entonces recuerda Benedicto la famosa frase de san Agustín: «... «Quita el derecho y, entonces, ¿qué distingue el Estado de una gran banda de bandidos?», dijo en cierta ocasión san Agustín». Como vemos, la legitimidad del Estado de Derecho viene dada por la justicia que protege. El mismo criterio de Hayek, aunque con otra visión, como veremos, de la ley natural.

Y entonces agrega algo dramático que sólo él podía decir: «... Nosotros, los alemanes, sabemos por experiencia que estas palabras no son una mera quimera.». Y agrega: «... Hemos experimentado cómo el poder se separó del derecho, se enfrentó contra él; cómo se pisoteó el derecho, de manera que el Estado se convirtió en el instrumento para la destrucción del derecho; se transformó en una cuadrilla de bandidos muy bien organizada, que podía amenazar el mundo entero y llevarlo hasta el borde del abismo». *Las palabras de Benedicto, lamentablemente, se pueden aplicar hoy al mundo entero, salvo conta-*

*das excepciones.* Ya no vale la diferencia entre «mundo libre» y «mundo comunista» que regía los ideales y la geopolítica de los 80, y hasta ahí. *Habría que ver si no es hoy la ONU esa banda de ladrones.* Pero volvamos a Benedicto y al 2011. Es en ese dramático contexto, Benedicto vuelve a su esencial pregunta. «... los combatientes de la resistencia actuaron contra el régimen nazi y contra otros regímenes totalitarios, prestando así un servicio al derecho y a toda la humanidad. Para ellos era evidente, de modo irrefutable, que el derecho vigente era en realidad una injusticia». PERO... «... en las decisiones de un político democrático no es tan evidente la cuestión sobre lo que ahora corresponde a la ley de la verdad, lo que es verdaderamente justo y puede transformarse en ley». Efectivamente, las democracias pueden dar origen a la tentación de confundir legalidad con legitimidad. Y por ende la pregunta vale más que nunca: «... ¿Cómo se reconoce lo que es justo?» (el subrayado es nuestro).

### 3. El cristianismo nunca ha impuesto un derecho revelado

Esta vez, para responder la pregunta, Benedicto agrega una cuestión que sorprenderá a muchos. El párrafo es largo e importante. Lo transcribiremos in extenso y luego lo analizaremos: «... Contrariamente a otras grandes religiones, el cristianismo *nunca ha impuesto al Estado y a la sociedad un derecho revelado,* un ordenamiento jurídico derivado de una revelación. En cambio, *se ha remitido a la naturaleza y a la razón como verdaderas fuentes del derecho,* se ha referido a la armonía entre razón objetiva y subjetiva, una armonía que, sin embargo, presupone que ambas esferas estén fundadas en la Razón creadora de

Dios. Así, los teólogos cristianos se sumaron a un movimiento filosófico y jurídico que se había formado desde el siglo II a. C. En la primera mitad del siglo segundo precristiano, se produjo un encuentro entre el derecho natural social, desarrollado por los filósofos estoicos y notorios maestros del derecho romano. De este contacto, nació la cultura jurídica occidental, que ha sido y sigue siendo de una importancia determinante para la cultura jurídica de la humanidad. A partir de esta vinculación precristiana entre derecho y filosofía inicia el camino que lleva, a través de la Edad Media cristiana, al desarrollo jurídico de la Ilustración, hasta la Declaración de los derechos humanos y hasta nuestra Ley Fundamental Alemana, con la que nuestro pueblo reconoció en 1949 «los inviolables e inalienables derechos del hombre como fundamento de toda comunidad humana, de la paz y de la justicia en el mundo» (las itálicas son nuestras).

Más allá de que Benedicto resuma en esto más de 20 siglos, comencemos desde el principio.

Primero: «... el cristianismo nunca ha impuesto al Estado y a la sociedad un derecho revelado»[218]. Esto es: el cristianismo no es integrismo. Esto, a pesar de que debería ser obvio, aún cuesta explicarlo, en medio de las ilusiones de pretensiones siempre renovadas de que el cristianismo católico y su Doctrina Social de la Iglesia sean recetas *inmediatas* para lo temporal *directamente* derivadas de las Sagradas Escrituras y el magisterio pontificio. Del catolicismo pueden desprenderse ciertos principios generales de ética social, conocidos muy

---

[218] En el cristianismo pre-Cristo, esto es, en el Judaísmo, el Levítico fue fruto de una función subsidiaria de Dios, y como tal extra-ordinaria, que coherentemente fue superado por la llegada del Salvador, donde «la letra mata y el Espíritu vivifica».

evolutivamente, pero no se desprende *directamente* un sistema jurídico, político o económico. Los que pretenden lo contrario (esto es, los que piensan que la Doctrina Social de la Iglesia es una norma inmediata de acción política) ignoran las *mediaciones hermenéuticas: entre* las Sagradas Escrituras, la Tradición y el Magisterio por un lado, y los sistemas políticos concretos *por el otro,* hay *mediaciones,* esto es, *premisas adicionales que están en el medio* y NO son fruto de la Revelación. Esas mediaciones son: la aplicación concreta, *prudencial,* de criterios generales a casos concretos; dos, las *circunstancias históricas concretas;* tres, *el estado de evolución de las ciencias sociales,* que tienen su autonomía relativa como todas las ciencias.

Segundo: el cristianismo asume los logros de la razón humana[219]. Los cura, los asume y los eleva, igual que con la filosofía griega. La analogía es: del mismo modo que hubo filosofía griega, también hubo un derecho precristiano, una tradición de ley natural escrita, que el cristianismo iba corrigiendo pero a la vez asumiendo, sin pretender que ese derecho fuera una deducción directa de la Revelación.

Por eso dice Benedicto: «... Así, los teólogos cristianos se sumaron a un movimiento filosófico y jurídico que se había formado desde el siglo II a. C. En la primera mitad del siglo segundo precristiano, se produjo un encuentro entre el derecho natural social, desarrollado por los filósofos estoicos y notorios maestros del derecho romano». Lo mismo dice Hayek en *Los fundamentos de la libertad*[220], donde *antes* de los aportes medievales y el *common law* inglés, hace una reseña

---

[219] Véase Martínez, A.: «La excepcionalidad europea: el derecho romano y romanista en la era cristiana como fundamento de la separación moderna entre Iglesia/Estado», en *Fe y Libertad,* vol. 2, Nro. 1, Enero-Junio 2019.

[220] *Op. cit.*

de los aportes romanos y griegos al derecho, que eran ya (agregamos nosotros) la concreción de una ley natural que, a pesar de su corazón herido, el hombre pudo ir vislumbrando. Justamente en el punto 2 del cap. 11 del referido libro («La evolución del Estado de Derecho») encontramos las siguientes referencias:

«... La palabra isonomía fue importada en Inglaterra, procedente de Italia, al final del siglo XVI, con el significado de «igualdad de las leyes para toda clase de personas». Poco tiempo después se utilizó libremente por los traductores de Tito Livio, en la forma anglicanizada de *isonomy*, para describir un estado de igualdad legal para todos y de responsabilidad de los magistrados. Continuó el uso de la palabra durante el siglo XVII, hasta que «igualdad ante la ley», «gobierno de la ley» e «imperio de la ley» la desplazaron gradualmente. La historia del concepto en la Grecia antigua ofrece una interesante lección, dado que probablemente entraña el primer caso de un ciclo que las civilizaciones parecen repetir. Cuando apareció por vez primera, describía el estado que Salón había establecido antes en Atenas al otorgar al pueblo «leyes iguales para los altos y los bajos» y «ningún control de la vida pública que no fuese la certeza de ser gobernados legalmente y de acuerdo con normas preestablecidas». La isonomía fue contrastada con el gobierno arbitrario de los tiranos y llegó a constituir expresión familiar en canciones populares de borrachos que celebraban el asesinato de uno de tales déspotas. El concepto parece ser más viejo que el de democracia, y la exigencia de igual participación de todos en el gobierno tal vez fuera una de sus consecuencias. Para Herodoto todavía es la isonomía, antes que la democracia, «el más bello de todos los nombres del orden político». Después de la implantación de la democracia, el término continuó usándose por algún

169

tiempo, primero como justificación de aquella y más tarde para disfrazar de manera creciente el carácter que asumió, ya que el gobierno democrático pronto llegó a olvidar la propia igualdad ante la ley, de la que derivara su razón de ser. Los griegos entendieron claramente que los dos ideales, aunque relacionados, no eran lo mismo. Tucídides habló sin ninguna duda sobre la «isonomía oligárquica», y Platón incluso usó el término isonomía más bien en deliberado contraste con democracia que para justificarla. Al final del siglo IV antes de Cristo se hizo necesario subrayar que «en la democracia las leyes deben imperar».»

Luego cita a Aristóteles: «... Frente a tales antecedentes, ciertos famosos pasajes de Aristóteles aparecen como vindicación del ideal tradicional, aunque ya no use el término isonomía. En su Política subraya que «es más propio que la ley gobierne que el que lo haga cualquier ciudadano».

Luego, a la tradición romana: «... El principio inspirador de las leyes de la Roma libre nos ha sido transmitido principalmente por las obras de historiadores y oradores de aquel periodo, quienes una vez más llegaron a ejercer influencia durante el Renacimiento latino del siglo XVII. Tito Livio —cuyo traductor hizo que la gente se familiarizase con el término «isonomía», término que el mismo Tito Livio no usó y que proporcionó a Harrington la distinción entre gobierno de las leyes y gobierno de los hombres—, Tácito y, sobre todo, Cicerón llegaron a ser los principales autores a través de los cuales se difundió la tradición clásica. Para el moderno liberalismo, Cicerón convirtióse en la principal autoridad y a él debemos muchas de las formulaciones más efectivas de la libertad bajo la ley. A él pertenece el concepto de las reglas generales, de las *leges legum* que gobiernan la legislación; el de la obediencia a las leyes si queremos ser libres y el de que el juez haya de ser tan sólo la boca a través de la cual habla la ley. En ningún otro autor se ve más claramente que, durante el periodo clásico del Derecho romano, se comprendió sin lugar a dudas la inexistencia de conflictos entre la ley y la libertad y la dependencia de esta última de ciertos atributos de la primera; de la generalidad y certeza de la ley»[221].

O sea: había una tradición clásica que asumir. El papel de la fe, ante ello, es corregir, asumir, evolucionar, pero nunca sustituir a la misma razón humana en su búsqueda evolutiva de la justicia, como había dicho en su discurso al Parlamento inglés, «... Su papel (el de la fe) consiste más bien en ayudar a purificar e iluminar la aplicación de la razón al descubrimiento de principios morales objetivos». Por ello «... De este contacto, nació la cultura jurídica occidental, que ha sido y sigue siendo de una importancia determinante para la cultura jurídica de la humanidad». O sea: *Occidente es el encuentro entre lo griego, lo romano y lo judeo-cristiano. Este* último factor cultural asume a los otros dos, produciendo esa verdadera síntesis cultural que llamamos Occidente y de la cual nace, *no sin esfuerzo, como hemos visto, la libertad individual.* No sin esfuerzo porque hubo que superar lo contingente, a saber, el clericalismo (la legitimidad del poder civil *desde* la aprobación pontificia), y hubo un doloroso proceso, desde las guerras religiosas entre protestantes y católicos, hasta llegar a la noción de libertad religiosa como derivada del cristianismo. Pero se llegó. Y se llegó porque, como ya dijimos, *esa libertad estaba conceptualmente dentro de la ley natural,* a pesar de las dificultades históricas. Y por eso «... A partir de esta vinculación precristiana entre derecho y filosofía inicia el camino que lleva, a través de la

---

[221] Op, cit, pp. 220-226. Para todo el aparato crítico usado por Hayek, véase el mismo texto.

Edad Media cristiana, al desarrollo jurídico de la Ilustración, hasta la Declaración de los derechos humanos y hasta nuestra Ley Fundamental Alemana, con la que nuestro pueblo reconoció en 1949 «los inviolables e inalienables derechos del hombre como fundamento de toda comunidad humana, de la paz y de la justicia en el mundo». NO es que Benedicto esté «sacralizando» esos desarrollos históricos, sino que está reconociendo en ellos la evolución de una ley natural que, como tal, el cristianismo asume y eleva. Por eso Juan XXIII en su momento pudo decir, sobre la Declaración Universal de Derechos Humanos: «… No se nos oculta que ciertos capítulos de esta *Declaración* han suscitado algunas objeciones fundadas. juzgamos, sin embargo, que esta *Declaración* debe considerarse un primer paso introductorio para el establecimiento de una constitución jurídica y política de todos los pueblos del mundo. En dicha *Declaración* se reconoce solemnemente a todos los hombres sin excepción la dignidad de la persona humana y se afirman todos los derechos que todo hombre tiene a buscar libremente la verdad, respetar las normas morales, cumplir los deberes de la justicia, observar una vida decorosa y otros derechos íntimamente vinculados con éstos»[222].

Pero toda esta ley natural que Benedicto está rescatando implica, como ya hemos visto, la teonomía: ni la *autonomía absoluta* de una ley natural racionalista que haga silencio sobre Dios, ni un *voluntarismo jurídico* que afirme los 10 mandamientos como sólo dependientes de la voluntad divina, negando a la naturaleza humana como su origen in-mediato. Y por ello «... una armonía que, sin embargo, presupone que ambas esferas estén fundadas en la Razón creadora de Dios».

---

[222] *Pacem in terris*, 1961, nro. 144. https://www.vatican.va/content/john-xxiii/es/encyclicals/documents/hf_j-xxiii_enc_11041963_pacem.html

## 4. La ley natural

### 4.1. Su encapsulamiento

Llegado este punto, Benedicto se detiene en la ley natural: en su importancia, pero por qué ha quedado encapsulada dentro del catolicismo.

Porque, en cierto modo, no debería haber sido así: «... Para el desarrollo del derecho, y para el desarrollo de la humanidad, ha sido decisivo que los teólogos cristianos hayan tomado posición contra el derecho religioso, requerido por la fe en la divinidad, y se hayan puesto de parte de la filosofía, reconociendo a la razón y la naturaleza, en su mutua relación, como fuente jurídica válida para todos». La ley natural fue y debería haber seguido siendo un punto de encuentro entre creyentes y no creyentes. Es verdad que la ley natural se ve con plena claridad sólo cuando es purificada y elevada por la fe, pero eso no impide que el no creyente de buena voluntad pueda ver en el otro, en el rostro sufriente del otro[223], un llamado a su conciencia y una voz de alerta sobre la naturaleza humana que hay en el otro, que no se puede violar.

Ahora Benedicto se ve obligado a realizar saltos temporales de atrás para adelante. Por un lado, vuelve a san Pablo: «... Esta opción la había tomado ya san Pablo cuando, en su *Carta a los Romanos*, afirma: «Cuando los paganos, que no tienen ley [la Torá de Israel], cumplen naturalmente las exigencias de la ley, ellos... son ley para sí mismos. Esos tales muestran que tienen escrita en su corazón las exigencias de la ley; contando con el testimonio de su conciencia...» (*Rm 2,14s*). Aquí aparecen los dos conceptos fundamentales

---

[223] Ver al respecto Levinas, E.: *Etica e infinito*, Visor, Madrid, 1991, y *Totalidad e infinito*, Sígueme, Salamanca, 2016.

de naturaleza y conciencia, en los que conciencia no es otra cosa que el «corazón dócil» de Salomón, la razón abierta al lenguaje del ser». Rescatemos este último: la razón abierta al lenguaje del ser. Para que la razón humana esté abierta a ese lenguaje, tiene que ser purificada de un preconcepto negativo que se lo impida; tiene que ser «esperanzada» nuevamente en sus capacidades de conocimiento. A eso está yendo Benedicto.

Pero entonces vuelve a la actualidad. Algo pasó, algo cortó en el hombre el manejo de ese lenguaje, algo lo hizo ciego ante el lenguaje del ser. El párrafo es complicado: «... Si con esto, hasta la época de la Ilustración, de la Declaración de los Derechos humanos, después de la Segunda Guerra mundial, y hasta la formación de nuestra Ley Fundamental, la cuestión sobre los fundamentos de la legislación parecía clara, en el último medio siglo se produjo un cambio dramático de la situación. La idea del derecho natural se considera hoy una doctrina católica más bien singular, sobre la que no vale la pena discutir fuera del ámbito católico, de modo que casi nos avergüenza hasta la sola mención del término». «Si con esto», esto es, con una razón abierta a la naturaleza humana, «... la cuestión sobre los fundamentos de la legislación parecía clara», ahora, en cambio, «... se produjo un cambio dramático de la situación». Ese cambio dramático es que «... La idea del derecho natural se considera hoy una doctrina católica más bien singular, sobre la que no vale la pena discutir fuera del ámbito católico, de modo que casi nos avergüenza hasta la sola mención del término».

Entonces Benedicto hace el diagnóstico de por qué.

«... Quisiera indicar brevemente cómo se llegó a esta situación».

## 4.2. Diagnóstico: el positivismo, de vuelta

Nuevamente, como lo ha hecho en todo su magisterio, ante oídos no preparados dentro y fuera de la Iglesia, Benedicto apunta a uno de los dos ejes centrales de la disolución de la razón en el mundo actual, esto es, el positivismo y sus variantes. El otro es el post-modernismo, ya diagnosticado y criticado en Ratisbona.

Por un lado, el positivismo jurídico. La clásica distinción entre ser y deber ser, entre juicios de hecho y juicios de valor: «... Es fundamental, sobre todo, la tesis según la cual entre ser y deber ser existe un abismo infranqueable. Del ser no se podría derivar un deber, porque se trataría de dos ámbitos absolutamente distintos. La base de dicha opinión es la concepción positivista de naturaleza adoptada hoy casi generalmente. Si se considera la naturaleza −con palabras de Hans Kelsen− «un conjunto de datos objetivos, unidos los unos a los otros como causas y efectos», entonces no se puede derivar de ella realmente ninguna indicación que tenga de algún modo carácter ético. Una concepción positivista de la naturaleza, que comprende la naturaleza de manera puramente funcional, como las ciencias naturales la entienden, no puede crear ningún puente hacia el *Ethos y el derecho, sino dar nuevamente sólo respuestas funcionales»*.

De vuelta, esta dicotomía entre ser y deber ser ignora la analogía del ser. El deber ser es el mismo ser llevado a su plenitud, como muy bien explicó J. Maritain[224] y todos los autores tomistas en esta cuestión. La naturaleza humana tiene

---

[224] En *Lecciones fundamentales de la filosofía moral*, Club de Lectores, Buenos Aires, 1966.

una línea de perfeccionamiento hacia su fin último[225], que pasa por la actualización de sus potencias específicamente humanas, inteligencia y voluntad. El orden moral es precisamente el orden que va hacia esa plenitud, pasado por el libre albedrío para que se pueda hablar de un orden moral y no solamente natural. El deber ser, por ende, no es un sobreañadido extraño a la naturaleza humana, sino que es esa misma naturaleza, llevada a su plenitud. Pero nada de esto puede ser visto por una concepción de naturaleza reducida solamente a la tecnociencia, desde una concepción del conocimiento donde sólo el testo empírico es racional, y eso es el positivismo, denunciado perfectamente por Husserl en *La crisis de las ciencias europeas* (op. cit). Esa obra de Husserl es especialmente importante porque advierte de la crisis gnoseológica del positivismo: el olvido del mundo de la vida, esencialmente humano, desde el cual se hacen las hipótesis científicas. Ese mundo de la vida es el acceso progresivo hacia las esencias, tanto de las cosas como «del otro», acceso tan negado tanto por el positivismo como por los neokantismos. Por eso es tan importante la obra de Francisco Leocata sintetizando a Husserl con santo Tomás, especialmente en esta cuestión[226].

Por todo esto, «... Donde rige el dominio exclusivo de la razón positivista —y este es en gran parte el caso de nuestra conciencia pública— las fuentes clásicas de conocimiento del *ethos* y del derecho quedan fuera de juego».

Y ese positivismo cierra las ventanas hacia la luz. Utilizando una de sus mejores analogías, Benedicto responde la clásica

---

[225] Derisi, O.N.: *Fundamentos metafísicos del orden moral*, Educa, Buenos Aires, 1980.

[226] Leocata, F.: «La racionalidad moderna y la fenomenología de Husserl»: *Sapientia* 58 (2003) 245-301.

acusación según la cual la fe sería un dogmatismo que impide ver la luz de la razón. Es precisamente al revés. El positivismo ha convertido al ser humano en un edificio cerrado sin ventanas que queda ciego ante la luz del sol: «... La razón positivista, que se presenta de modo exclusivo y que no es capaz de percibir nada más que aquello que es funcional, se parece a los edificios de cemento armado sin ventanas, en los que logramos el clima y la luz por nosotros mismos, sin querer recibir ya ambas cosas del gran mundo de Dios».

## 4.3. Una propuesta de salida

Pero, ¿cómo se abren esas ventanas? «... Pero ¿cómo se lleva a cabo esto? ¿Cómo encontramos la entrada en la inmensidad, o la globalidad? ¿Cómo puede la razón volver a encontrar su grandeza sin deslizarse en lo irracional? ¿Cómo puede la naturaleza aparecer nuevamente en su profundidad, con sus exigencias y con sus indicaciones?».

Benedicto recurre a la sensibilidad ecológica actual como una esperanza de recuperar la sensibilidad por la naturaleza humana: «... Gente joven se dio cuenta que en nuestras relaciones con la naturaleza existía algo que no funcionaba; que la materia no es solamente un material para nuestro uso, sino que la tierra tiene en sí misma su dignidad y nosotros debemos seguir sus indicaciones». Benedicto tenía entonces la esperanza de que ello pudiera llevar a una «ecología humana» con la misma sensibilidad y, de ese modo, recuperar la idea de una ley natural: «... La importancia de la ecología es hoy indiscutible. Debemos escuchar el lenguaje de la naturaleza y responder a él coherentemente. Sin embargo, quisiera afrontar seriamente un punto que —me parece— se ha olvidado tanto hoy como ayer: hay también una ecología del hombre. *También el hombre posee una naturaleza que él debe respetar y que no puede manipular a su antojo.* El hombre no es solamente una libertad que él se crea por sí solo. El hombre no se crea a sí mismo. Es espíritu y voluntad, pero también naturaleza, y su voluntad es justa cuando él respeta la naturaleza, la escucha y cuando se acepta como lo que es, y admite que no se ha creado a sí mismo. Así, y sólo de esta manera, se realiza la verdadera libertad humana.» (las itálicas son nuestras).

Fue una ilusión. Tal vez era muy difícil dimensionar en el 2011 hasta dónde iba a llegar el profundo, terriblemente profundo odio antioccidental del ecologismo radical, mezclado con la ideología woke, la ideología LGBT y una tercera fase del marxismo donde el heteropatriarcado blanco es el explotador y los explotados son nuevos colectivos como minorías sexuales, pueblos originarios, la naturaleza misma, etc. Juan Pablo II y Benedicto intentaron ser un muro de contención contra esas tendencias *dentro de la misma Iglesia*, pero no lo lograron; las aguas habían subido mucho y un dique compuesto por sólo dos personas, por más autoridad que tuvieran, no iba a funcionar. Lo demás es historia conocida.

Tal vez la recuperación de la noción de la ley natural tenga que hacerse desde un mayor diálogo entre la filosofía cristiana fundamental y la tradición fenomenológica de la intersubjetividad, que tanto ha influenciado en la filosofía del diálogo, *en la cual la sensibilidad por el otro, como en Levinas*[227], *es el punto central para comprender que el otro debe ser respetado por la naturaleza humana del otro.* Y de ese modo se recupera la metafísica, porque el otro en tanto otro *se capa como finito*, y del ser finito se pasa el ser eterno[228]. Pero ese es el final

---

[227] *Op. cit.*
[228] *Op. cit.*

del camino. El principio comienza por un diálogo con la fenomenología de Husserl como el realizado por Francisco Leocata[229], desde el cual podemos recuperar la temática del acto de ser y de las esencias de lo real *desde el mundo de la vida*[230]. De esa manera superamos al neokantismo, al positivismo y al post-modernismo y recuperamos esa metafísica racional que es el puente entre razón y fe. Podemos conocer la ley natural porque podemos conocer algo de la naturaleza humana, y podemos conocer la naturaleza humana desde nuestra experiencia intersubjetiva del contacto con el otro en tanto otro. Una fenomenología así planteada nos permite ir hacia lo mejor de la filosofía contemporánea (filosofía del lenguaje, hermenéutica, filosofía del diálogo) sin ningún resabio o resto de post-modernismo.

---

[229] *Op. cit.*

[230] Decíamos en 2003: «...Si la metafísica tiene un rescate, ese rescate tiene que volver a la noción de mundo de vida, porque desde allí todo lo humano es dicho. Ese mundo de vida es, efectivamente, una especie de interpretación básica del mundo, «a priori» de otras. Pero esa interpretación básica del mundo, ese horizonte vital desde el cual pre-comprendemos el mundo, es, ni más ni menos, la vida de todos los días, análoga a otros mundos de vida históricamente dados. En esa vida hay falsedades y maldades, pero también están nuestros afectos más profundos. Esos afectos, esas amistades, esas relaciones de amor auténtico, son el rescate de nuestra existencia y el piso firme de nuestras *certezas*. La metafísica que no haga pie en esas certezas está condenada a alejarse de nuestras vidas y a no tener punto a apoyo, a perderse como un globo de gas en las nubes de nuestros razonamientos. En cambio, la metafísica que hace pie en la vida está más allá de la física, sí, pero más acá de la existencia y, dentro de ésta, de la co-existencia. «Si sabes que aquí hay una mano, te concederemos todo lo demás», dijo Wittgenstein. Yo diría: «si sabes que tienes un amigo, te concederemos todo lo demás». Y lo demás es Dios.» (*Filosofía para filósofos*, UFM/Unión Editorial, Madrid, 2003).

## 5. La ley natural, Dios Creador y Occidente

Al final de su discurso, Benedicto toca valientemente uno de los temas que más lo iban a separar de un laicismo mundial muy acentuado: el fundamento último de la ley natural en Dios. Luego de citar a Kelsen y disentir amablemente de él, pregunta: «... ¿Carece verdaderamente de sentido reflexionar sobre si la razón objetiva que se manifiesta en la naturaleza no presupone una razón creativa, un *Creator Spiritus*?»

Interesante que diga «... A este punto, debería venir en nuestra ayuda el patrimonio cultural de Europa». Después veremos por qué. Por ahora destaquemos cómo sigue: «... *Sobre la base de la convicción de la existencia de un Dios creador*, se ha desarrollado el concepto de los derechos humanos, la idea de la igualdad de todos los hombres ante la ley, la conciencia de la inviolabilidad de la dignidad humana de cada persona y el reconocimiento de la responsabilidad de los hombres por su conducta» (las itálicas son nuestras). Inevitable no advertir un aire parecido a la Declaración de Independencia de 1776: de Dios creador se desprende «... el concepto de los derechos humanos, la idea de la igualdad de todos los hombres ante la ley, la conciencia de la inviolabilidad de la dignidad humana de cada persona», justamente aquello que muchos católicos, que confundieron Iluminismo con modernidad, creyeron contradictorio con Dios creador. NO: de Dios se desprende que haya una naturaleza humana que deba ser respetada (ley natural), respeto que implica el respeto a las libertades y la igualdad ante la ley. De Dios creador se desprenden las declaraciones de derechos, que sólo surgieron en Occidente y al mismo tiempo son universales para todos los pueblos. Pero, ¿qué es Occidente? Benedicto lo identifica con Europa. «... Estos conocimientos de la razón constituyen nuestra *memoria cultural*. Ignorarla o considerarla como mero pasado sería una amputación de nuestra cultura en su conjunto y la privaría de su integridad. La cultura de Europa nació del encuentro entre Jerusalén, Atenas y Roma; del encuentro entre la fe en el Dios de Israel, la razón filosófica de los griegos y el pensamiento jurídico de Roma. Este triple encuentro configura la íntima identidad de Europa. Con la certeza de la responsabilidad del hombre ante Dios y reconociendo la dignidad inviolable del hombre, de cada hombre, este encuentro ha fijado los criterios del derecho; defenderlos es nuestro deber en este momento histórico» (las itálicas son nuestras). Un dignísimo e importantísimo final. Occidente fue esa síntesis: lo romano (el derecho); lo griego (la filosofía, la razón, la ciencia) y lo judeo-cristiano, elevando todo ello a sus máximas potencialidades, curándolo de sus imperfecciones y llevándolo con el tiempo a la afirmación de la dignidad humana y de sus consiguientes e inviolables derechos ante el poder. Por eso esa cultura occidental no es etnocéntrica: se puede «exportar» a todos los pueblos, porque todos los pueblos son humanos, y todos los seres humanos tienen la misma dignidad y los mismos derechos. Y por eso el grave error de los multi-culturalistas post-modernos, que creen que los pueblos pueden instalarse en Europa SIN respetar el Estado de Derecho, que confunden con otra instancia cultural sin ningún valor especial. Grave error. El Estado de Derecho occidental no es una mera forma de cantar, bailar o tomar el té. *Es la plasmación jurídica del respeto a la dignidad humana.* Los autores liberales clásicos, Mises especialmente[231], siempre han defendido el libre movimiento de capitales y de personas. Pero ello no implica que un grupo de personas tenga derecho a violar las libertades

---

[231]  Ver *Liberalismo*, Unión Editorial, Madrid, 1977.

individuales en nombre de su identidad cultural. Al contrario, todos los pueblos deben estar agradecidos por el regalo que Occidente les hace de participar en un Estado de Derecho que defiende las libertades, la religiosa, la de expresión, la de enseñanza, *a través de las cuales pueden vivir en su identidad cultural* sin violar las libertades de nadie, sino incorporándose a una multi-culturalidad *en un mismo Estado de Derecho*, como lo fue la Argentina, por ejemplo, a fines del s. XIX. *El Estado de Derecho occidental es lo único que permite la verdadera inclusión y la verdadera diversidad cultural.* Huelga decir la importancia de todo esto en 2025.

Cierra Benedicto este gran discurso, hoy olvidado, volviendo a la sabiduría que pidió el rey Salomón, pidiendo lo mismo, pero para nosotros: «..Al joven rey Salomón, a la hora de asumir el poder, se le concedió lo que pedía. ¿Qué sucedería si nosotros, legisladores de hoy, se nos concediese formular una petición? ¿Qué pediríamos? Pienso que, en último término, *también hoy, no podríamos desear otra cosa que un corazón dócil: la capacidad de distinguir el bien del mal, y así establecer un verdadero derecho, de servir a la justicia y la paz*» (las itálicas son nuestras).

Dios lo oiga.

# CAPÍTULO VI

# A MODO DE CONCLUSIÓN: NO A LA UTOPÍA

## 1. Introducción

Las críticas de Ratzinger al temporalismo estuvieron presentes en toda su obra. De hecho, la coloca como la esencia de la tercera tentación ofrecida por el Diablo a Jesucristo[232]. Formó parte, también, de su valiente lucha contra la teología marxista de la liberación[233], que lo convirtió en víctima de una de las venganzas más oscuras del elemento humano de la Iglesia. Pero esa tentación, así presentada, parece algo que afectara sólo a los terriblemente atrapados por el mal. No. Es una tentación que puede afectar a los más nobles. ¿Por qué no soñar con una estructura temporal (luego veremos por qué hemos subrayado «estructura») que acabe para siempre con las guerras, el subdesarrollo y el abuso del poder? ¿Acaso no fue su mismo magisterio, expuesto en sus discursos a Inglaterra, Alemania (ya vistos) y en *Caritas in veritate*[234], un intento de ello?

---

[232] En *Jesús de Nazaret*, *Op. cit.*
[233] *Libertatis nuntius*, *Op. cit.*
[234] https://www.vatican.va/content/benedict-xvi/es/encyclicals/documents/hf_ben-xvi_enc_20090629_caritas-in-veritate.html

No, y no sólo no, sino que eso afectaría gravemente su mensaje. Tenemos que ver por qué.

## 2. ¿Qué es el temporalismo?

En el cap. 2 de *Jesús de Nazaret, Op. cit.*, Ratzinger[235] dice claramente: «... *el tentador no es tan burdo como para proponernos directamente adorar al diablo.* Sólo nos propone decidirnos por lo racional, preferir un mundo *planificado* y organizado, en el que Dios puede ocupar un lugar, *pero como asunto privado*, sin interferir en nuestros propósitos esenciales. Soloviev atribuye un libro al Anticristo, *El camino abierto para la paz y el bienestar del mundo*, que se convierte, por así decirlo, *en la nueva Biblia y que tiene como contenido esencial la adoración del bienestar y la planificación racional*» (Las itálicas, excepto el título del libro de Soloviev, son nuestras). Se refiere allí Benedicto al ideal ilimitado de progreso del proyecto iluminista. La planificación humana, esa racionalidad solamente instrumental tantas veces criticada por Benedicto, logrará un día una sociedad perfecta, eso sí, sin que la religión moleste. Pero quiten ese aspecto iluminista, esa voluntad de inmanencia, y coloquen esa misma sociedad perfecta como fruto necesario de la Revelación cristiana, y

---

[235] Decimos «Ratzinger», porque él aclara, el inicio de su libro, lo siguiente: «...Sin duda, no necesito decir expresamente que este libro no es en modo alguno un acto magisterial, sino únicamente expresión de mi búsqueda personal «del rostro del Señor» (cf. Sal 27, 8). Por eso, cualquiera es libre de contradecirme. Pido sólo a los lectores y lectoras esa benevolencia inicial, sin la cual no hay comprensión posible». Esta aclaración es una obra maestra de honestidad intelectual y de resistencia a la tentación de abuso de poder que le daba su «ser al mismo tiempo» Benedicto XVI. Tentación que no resistieron otros pontífices que impusieron indebidamente sus meras opiniones personales en lo temporal bajo la excusa de la «Doctrina social de la Iglesia».

allí tendremos al temporalismo cristiano, al integrismo, tan claramente expuesto como extraño al cristianismo en el ya analizado discurso al parlamento alemán[236].

«... Por tanto, −sigue− la tercera tentación de Jesús resulta ser la tentación fundamental, se refiere a la pregunta sobre qué debe hacer un salvador del mundo».

*¿Qué debe hacer el salvador? ¿No hubiera sido magnífico que Jesucristo, como un todopoderoso zelote, se bajara de la cruz y eliminara con un solo suspiro al Imperio Romano y todas las injusticias del mundo, al mismo tiempo que nos redimiera del pecado?* En el fondo, muchos católicos piensan así, aunque no lo digan, aunque todos los que creen que la Doctrina Social de la Iglesia es una propuesta política más, sí lo dicen.

Benedicto aclara lo que piensa Cristo: «... El Señor explica inmediatamente que el concepto de Mesías debe entenderse desde la totalidad del mensaje profético: no significa poder mundano, sino la cruz y la nueva comunidad completamente diversa que nace de la cruz». Y lamentablemente Pedro, cuando era sólo Simón, no lo pensó así y recibió el reproche del Señor: «... «¡Quítate de mi vista, Satanás, que me haces tropezar; tú piensas como los hombres, no como Dios!» (Mt 16, 22s).»[237].

---

[236] «...Contrariamente a otras grandes religiones, el cristianismo nunca ha impuesto al Estado y a la sociedad un derecho revelado, un ordenamiento jurídico derivado de una revelación...».

[237] Toda la vida de Cristo es la enseñanza de que su reino no es de este mundo, contra las muy humanas ilusiones de sus discípulos: «...Durante todo su camino y de nuevo en sus conversaciones después de la Pascua, Jesús tuvo que mostrar a sus discípulos que Moisés y los Profetas hablaban de Él, el privado de poder exterior, el que sufre, el crucificado, el resucitado; tuvo que mostrar que precisamente así se cumplían las promesas. «¡Qué necios y torpes sois para creer lo que anunciaron los profetas!» (Lc 24, 25), dijo el Señor a los discípulos de Emaús, y lo mismo debe repetirnos continua-

Entonces avanza Benedicto con una casi definición del temporalismo, como un renovado intento de incontables Simones de evitar el paso por la cruz: «... interpretar el cristianismo como una receta para el progreso y reconocer el bienestar común como la auténtica finalidad de todas las religiones, también de la cristiana, *es la nueva forma de la misma tentación*» (las itálicas son nuestras).

Coherentemente, sigue más adelante: «... ningún reino de este mundo es el Reino de Dios, ninguno asegura la salvación de la humanidad en absoluto. El reino humano permanece humano, y el que afirme que puede edificar el mundo según el engaño de Satanás hace caer el mundo en sus manos».

Por ende, ¿qué ha traído Cristo? A Dios, al Dios que quiere la redención, que no es temporal, sino la de nuestro pecado original:

«La respuesta es muy sencilla: a Dios». Y sigue: «... Ha traído a Dios: ahora conocemos su rostro, ahora podemos invocarlo. Ahora conocemos el camino que debemos seguir como hombres en este mundo. Jesús ha traído a Dios y, con Él, la verdad sobre nuestro origen y nuestro destino; la fe, la esperanza y el amor».

*¡Ha traído a Dios! Pero el temporalismo* ha penetrado tanto nuestro ser que nos parece poco. Nos parece poco el silencio de Cristo ante la terrible injusticia de su encarcelamiento, y no terminamos de aceptar que el verdadero reino, el verdadero poder, es la Cruz: «... Sólo nuestra dureza de corazón nos hace pensar que esto es poco. Sí, el poder de Dios en este mundo es un poder silencioso, pero constituye el poder verdadero, duradero. *La causa de Dios parece estar siempre como en agonía.* Sin

---

mente también a nosotros a lo largo de los siglos, pues también pensamos siempre que, si quería ser el Mesías, debería haber traído la edad de oro»

embargo, se demuesta siempre como lo que verdaderamente permanece y salva». (Las itálicas son nuestras). «... Los reinos de la tierra, (sigue) que Satanás puso en su momento ante el Señor, se han ido derrumbando todos. Su gloria, su doxa, ha resultado ser apariencia». No, no es que el poder político sea en sí mismo obra de Satanás, pero sí lo es su entronización y el desplazamiento de Cristo, que muchos cristianos hacen sin darse cuenta de su obsesión por lo temporal. Lo que queda siempre es la Gloria de Dios: «... Pero la gloria de Cristo, la gloria humilde y dispuesta a sufrir, la gloria de su amor, no ha desaparecido ni desaparecerá».

Este temporalismo también subsiste en todos los católicos que durante todos los siglos han intentado que el poder de la Iglesia sea el poder de una autoridad política. Jorge Velarde Rosso cierra de este modo su libro *Límites de la democracia pluralista, aproximación al pensamiento político de Joseph Ratzinger-Benedicto XVI*[238], con un texto de Ratzinger particularmente importante. El contexto es interesante porque es su conferencia de 1986 al recibir el doctorado honoris causa en la Universidad Católica de Lima, cuyo título fue «Libertad y liberación, La Visión Antropológica de la Instrucción «Libertatis Conscientia»[239]: se estaba refiriendo, por ende, a la teología marxista de la liberación pero que, cuidado afecta a cualquiera que una el poder eclesial con un poder civil para imponer un orden social más jusanto

«... Este proceso de la universalización de la fuerza liberadora del *Éxodo/Sinaí* supone, sin embargo, que el ordenamiento de las correctas relaciones, sobre las que se basa la libertad,

---

[238]   Instituto Acton, Buenos Aires, 2013.
[239]   Incorporado como punto V del cap. III de la Parte Tercera de *Iglesia, Ecumenismo y política, Op. cit.*

supere la ley de Israel y se convierta en una oferta *para todos los pueblos sin poder, por lo tanto, identificarse con alguna ley estatal.* El orden religioso de la Alianza puede introducirse en los más diversos ordenamientos políticos, *pero sin identificarse con ninguno*: se forma un nuevo pueblo que tiene su espacio vital en todos los pueblos, sin destruirlos, y en todos ellos constituye una fuerza de comunidad y de liberación. Esto quiere decir que la universalización de la Alianza tiene como consecuencia que en el futuro *la comunidad religiosa y la civil, la Iglesia y el Estado no volverán a ser idénticas, sino claramente diferenciadas la una de la otra»* (Las itálicas son nuestras).

Pero claro, ese «dualismo» les pareció muy «liberal» a muchos: «... Algunos critican esta distinción de dos planos de la comunidad humana, *que es una novedad cristiana que salta a la vista,* diciendo que esto no debería haber ocurrido, pues implica una espiritualización de la religión, la cual, pasando de lo político a lo puramente interno, no puede ya alcanzar lo político. Argumentan, además, que habría que devolver a la liberación cristiana la dimensión veterotestamentaria del *Éxodo,* ya que *solamente una liberación directamente política constituye la auténtica liberación.* Acuden igualmente a un argumento que ya había formulado en el siglo tercero uno de los grandes enemigos de los cristianos, Celso, quien ridiculizando la pretensión de la Redención, predicada por los cristianos, decía: «¿Qué ¿Qué es lo que Cristo os ha traído a vosotros?» ¡*Absolutamente nada!* Todo ha quedado en el mundo como estaba anteriormente. Si él os hubiera querido traer una auténtica liberación, hubiera tenido que fundar un Estado, hubiera tenido que proporcionaros una libertad política. Este argumento tenía una fuerza contundente en un tiempo en el que el imperio romano, conducido por emperadores cada vez más despóticos, se convertía en un poder de opresión» (Las itálicas y los subrayados son nuestros).

Seamos todos sinceros: casi todos los cristianos han pensado como Celso aunque muchos no lo hayan dicho. Ratzinger aclara, para disgusto de los temporalistas de izquierda y derecha: «... Fue Orígenes quien mejor formuló entonces la contestación de los cristianos a estos ataques. Su argumentación era la siguiente: ¿Qué hubiera pasado realmente si Cristo hubiera establecido un Estado? *O bien este Estado hubiera tenido que aceptar sus fronteras y con ello sólo hubiera favorecido a unos pocos, o bien hubiera tenido que intentar la expansión y de esta forma no le hubiera quedado más remedio que utilizar la violencia, convirtiéndose de esta forma en un Estado similar a los demás.* Por otra parte, si hubiera visto sus fronteras amenazadas por vecinos envidiosos, hubiera tenido igualmente que recurrir al camino de la violencia. Un Estado podría haber supuesto una solución para unos pocos, pero al mismo tiempo una solución problemática. ¡**No**! Un Redentor tenía que hacer algo muy distinto: tenía que haber fundado una sociedad capaz de vivir por encima de todas las sociedades, tenía que haber creado una forma de convivencia, un espacio de verdad y de libertad *independiente de cualquier orden estatal concreto*, posible de realizarse en todo el mundo, en una palabra, *tenía que fundar una Iglesia y fue eso exactamente lo que hizo.*» (Las itálicas y el subrayado del «no» son nuestras).

## 3. El temporalismo y la vana esperanza de las solas estructuras

Pero no hemos llegado aún a la esencia de la cuestión. Benedicto no se opina a que el cristiano busque la justicia y la mejora de la sociedad. A lo que se opone es a considerar que sólo ello puede ser la única esperanza, y que las solas estructuras, más allá del corazón del hombre, pueden ser la solución.

Como vemos, esta cuestión, más que ser un contenido de su enseñanza filosófica política, es un meta-contenido político. El lugar donde lo explicó claramente fue la encíclica *Spe salvi*, del 2007[240]. No la vamos a comentar *in totum*, ya lo hemos hecho[241] y no es el objetivo de este último capítulo. La cuestión es que, en su punto 19, Benedicto apunta directamente contra el ideal de progreso del Iluminismo, que conduciría a una sociedad perfecta, basada en las fuerzas de la planificación humana. El problema no es sólo (como bien han denunciado Hayek[242] y Popper[243]) que esos intentos conducen a la violencia y al infierno en la Tierra. El problema de dichos planteos es que ignoran el papel central del corazón humano para el consenso cultural que tengan las estructuras buenas, aunque imperfectas.

«… Hemos de fijarnos brevemente en las dos etapas esenciales de la concreción política de esta esperanza, porque son de gran importancia para el camino de la esperanza cristiana, para su comprensión y su persistencia. Está, en primer lugar, la Revolución francesa como el intento de instaurar el dominio de la razón y de la libertad, ahora también de manera políticamente real. La Europa de la Ilustración, en un primer momento, ha contemplado fascinada estos acontecimientos, pero ante su evolución ha tenido que reflexionar después de manera nueva sobre la razón y la libertad». Y aquí el autor

---

[240] https://www.vatican.va/content/benedict-xvi/es/encyclicals/documents/hf_ben-xvi_enc_20071130_spe-salvi.html

[241] Zanotti, G.: «Una encíclica esperanzadora», en https://r.search.yahoo.com/_ylt=Awriiz4gu9pou1gTrLer9Qt.;_ylu=Y29sbwNiZjEE cG9zAzEEdnRpZAMEc2VjA3Ny/RV=2/RE=1760374816/RO=10/RU=http%3a%2f%2finstitutoacton.com.ar%2foldsite%2farticulos%2fgzanotti%2fartzanotti32.doc/RK=2/RS=GT8AgK0XbM6trAuva0HAr7fWofU–

[242] «Los errores del constructivismo», *Op. cit.*

[243] «Utopía y violencia», en *Conjeturas....Op. cit.*

pacífico, pero esperanzado en el «gran acontecimiento de la Historia» es Kant, quien habría puesto su esperanza en que el hombre pueda superar los males de la Historia: «... son significativos dos escritos de Immanuel Kant, en los que reflexiona sobre estos acontecimientos. En 1792 escribe la obra: « *Der Sieg des guten Prinzips über das Böse und die Gründung eines Reichs Gottes auf Erden* » (La victoria del principio bueno sobre el malo y la constitución de un reino de Dios sobre la tierra). En ella dice: « El paso gradual de la fe eclesiástica al dominio exclusivo de la pura fe religiosa constituye el acercamiento del reino de Dios».

Menos pacífica es la segunda etapa, con Marx: «... Después de la revolución burguesa de 1789 había llegado la hora de una nueva revolución, la proletaria: el progreso no podía avanzar simplemente de modo lineal a pequeños pasos. Hacía falta el salto revolucionario. Karl Marx recogió esta llamada del momento y, con vigor de lenguaje y pensamiento, trató de encauzar este nuevo y, como él pensaba, definitivo gran paso de la historia hacia la salvación, hacia lo que Kant había calificado como el « reino de Dios ». Y ante la disolución de la fe, la fe en la razón humana y su violencia lo constituyen todo: «... Al haber desaparecido la verdad del más allá, se trataría ahora de establecer la verdad del más acá. La crítica del cielo se transforma en la crítica de la tierra, la crítica de la teología en la crítica de la política. El progreso hacia lo mejor, hacia el mundo definitivamente bueno, ya no viene simplemente de la ciencia, sino de la política; de una política pensada científicamente, que sabe reconocer la estructura de la historia y de la sociedad, y así indica el camino hacia la revolución, hacia el cambio de todas las cosas».

Una crítica a Marx, que no es el enfoque de Benedicto, podría haber sido que la revolución no pasaba por allí, sino

191

por la aceptación del capitalismo como la estructura verdaderamente redentora de la pobreza y por ende como un final de la Historia. Pero esa crítica hubiera sido un marxismo al revés, que seguiría sin ver el problema. La cuestión pasaba por otro lado, por otro problema que había sido «el» error de Marx: «... con su victoria (se refiere Benedicto a la victoria de la revolución rusa) se puso de manifiesto también el error fundamental de Marx. Él indicó con exactitud cómo lograr el cambio total de la situación. Pero no nos dijo cómo se debería proceder después. Suponía simplemente que, con la expropiación de la clase dominante, con la caída del poder político y con la socialización de los medios de producción, se establecería la Nueva Jerusalén. En efecto, entonces se anularían todas las contradicciones, *por fin el hombre y el mundo habrían visto claramente en sí mismos.* Entonces todo podría proceder por sí mismo por el recto camino, porque todo pertenecería a *todos y todos querrían lo mejor unos para otros*». Marx NO dijo cómo proceder después (omisión que fue suplantada por la horrorosa historia de la crueldad de la Unión Soviética, Corea del Norte, Cuba, etc[244]) porque suponía que en la revolución surgiría el «hombre nuevo», ese ser humano cuya «madurez» también había sido la ilusión ingenua del noble Kant[245]. «... El error de Marx no consiste sólo en no haber ideado los ordenamientos necesarios para el nuevo mundo; en éste, en efecto, ya no habría necesidad de ellos. Que no diga nada de eso es una consecuencia lógica de su planteamiento. *Su error está más al fondo.* Ha olvidado que el hombre es siempre

---

[244] «...Esta « fase intermedia » la conocemos muy bien y también sabemos cuál ha sido su desarrollo posterior: en lugar de alumbrar un mundo sano, ha dejado tras de sí una destrucción desoladora».
[245] «¿Qué es la Ilustración?», en *Filosofía de la Historia – Qué es la Ilustración*, Terramar, La Plata, 2004.

hombre. Ha olvidado al hombre y ha olvidado su libertad. Ha olvidado que la libertad es siempre libertad, incluso para el mal. Creyó que, una vez solucionada la economía, todo quedaría solucionado. Su verdadero error es el materialismo: en efecto, el hombre no es sólo el producto de condiciones económicas y no es posible curarlo sólo desde fuera, creando condiciones económicas favorables». (Las itálicas y los subrayados son nuestros).

O sea, el error del Iluminismo, por un lado, y de Marx, no por el otro sino como uno de sus más coherentes exponentes, es olvidar que la raíz del mal está en el pecado original, que un autor tan lúcido como Freud, agregamos nosotros, no olvidó, sino que vio a través de su agudo lente psicoanalítico que le permitió ver el peligro total de la pulsión de agresión[246]. La raíz del mal está en el corazón humano, en ese corazón caído del que hablaba Pascal. Podemos buscar mejores soluciones, podemos proponer mejores estructuras, pero siempre serán imperfectas, contingentes y como mucho, evolutivas, y esa tal vez es la mejor defensa contra la tentación de violencia. Y esas mejoras presuponen el libre albedrío. Por lo tanto,

«... *a*) El recto estado de las cosas humanas, el bienestar moral del mundo, *nunca puede garantizarse solamente a través de estructuras, por muy válidas que éstas sean.* Dichas estructuras no sólo son importantes, sino necesarias; sin embargo, no pueden ni deben dejar al margen la libertad del hombre. *Incluso las mejores estructuras funcionan únicamente cuando en una comunidad existen unas convicciones vivas capaces de motivar a los hombres para una adhesión libre al ordenamiento comunitario.* La libertad necesita una convicción; una convicción no existe por sí misma, sino que ha de ser conquistada comunitariamente siempre de nuevo», y

---

[246] *El malestar en la cultura*, en *Obras Completas*, Op. cit.

«... *b*) Puesto que el hombre sigue siendo siempre libre y su libertad es también siempre frágil, *nunca existirá en este mundo el reino del bien definitivamente consolidado.* Quien promete el mundo mejor que duraría irrevocablemente para siempre, hace una falsa promesa, pues ignora la libertad humana. *La libertad debe ser conquistada para el bien una y otra vez.* La libre adhesión al bien nunca existe simplemente por sí misma. Si hubiera estructuras que establecieran de manera definitiva una determinada –buena– condición del mundo, se negaría la libertad del hombre, y por eso, a fin de cuentas, en modo alguno serían estructuras buenas». (Las itálicas son nuestras).

En definitiva: las solas estructuras no bastan, y menos aún cuando se proponen como el fin de la Historia, una Historia que, en el Cristianismo, sólo llega a su fin con la Segunda Venida de Crisanto Las solas estructuras no bastan porque «... *Incluso las mejores estructuras funcionan únicamente cuando en una comunidad existen unas convicciones vivas capaces de motivar a los hombres para una adhesión libre al ordenamiento comunitario».*

Todo esto tiene mucha importancia por dos cuestiones:

a) El Estado de Derecho occidental no es una estructura que funcione automáticamente. Tiene como condición necesaria un marco moral-cultural[247] sin el cual comienza a morir, como está sucediendo actualmente en los EE.UU. y sobre todo en Europa.

b) La libertad como libre albedrío y como decisión de defender la justicia no es una consecuencia del Estado de Derecho, sino su causa. Sin ese compromiso moral, el Estado de Derecho muere. El Estado de Derecho no es «la» justicia, «el» congreso, etc., son jueces, senadores, diputados, presi-

---

[247] Novak, M, *Op. cit.*

dentes. Si todos ellos tienen carcomido su sentido moral, la radical injusticia será el resultado. Y por ello, «el precio de la libertad es la eterna vigilancia» (Jefferson). Sin una sociedad civil que, a través de sus organizaciones intermedias, y a través de un mundo de la vida cargado de valores, *eduque* a quienes formarán parte de las estructuras jurídicas y políticas, la justicia estará perdida.

Y dado que es exactamente lo que está sucediendo hoy, el Magisterio de Benedicto XVI es más necesario que nunca. Pero...

Vino a los suyos, y los suyos no lo recibieron.

Fue clarísimo que no lo recibieron.

Pero «*portae inferi non praevalebunt*».

**Para más información,**
**véase nuestra página web**
www.unioneditorial.es